장자
(莊子)

절대적 자유를 찾아가는 삶

유세웅(劉世雄)

※ '나눔글꼴'을 사용하였음

順

영원한 대자유인의 꿈
장자라는 사람과 『장자』라는 책
이 책 나름의 글쓰기 기준

〈내편內篇〉

- 대붕처럼 한계를 넘어 날아가기를 (「소요유」)
- 구태여 무엇에 의지하는가 (「소요유」)
- 어디 쓸모없는 것이 있으랴 (「소요유」)
- 만물은 처음에는 하나였으나 (「제물론」)
- 무엇을 근거로 시비하는가 (「제물론」)
- 말싸움에서 이긴들 그게 이긴 것일까 (「제물론」)
- 나비인지 나인지 (「제물론」)
- 온전하게 제 명대로 살려면 (「양생주」)
- 조롱 속에 갇혀 지내기보다는 (「양생주」)
- 먼저 자기부터 보존하고 나서 (「인간세」)
- 조심하고 주의해야 할 명과 의 (「인간세」)
- 어찌 나쁜 쪽으로만 빗대는가 (「인간세」)
- 덕은 안으로 보전하고 밖으로 흔들리지 않는다 (「덕충부」)

- 대자연은 육체를 주어 짊어지게 하고
  생명을 주어 수고롭게 하고,
  죽음을 주어 쉬게 한다 (「대종사」)
- 거울과 같은 마음 씀 (「응제왕」)

〈외편外篇〉

- 천하의 정도라고 말할 수 없는 것들 (「변무」)
- 만물과 어울려 벗이 되었으니 (「마제」)
- 도둑질에도 도가 있다 (「거협」)
- 온 세상이 미혹되었다 (「천지」)
- 본성을 잃게 하는 다섯 가지 (「천지」)
- 보는 것과 듣는 것만으로는
  실상을 알 수 없다 (「천도」)
- 누가 천·지·일·월을 움직이는가 (「천운」)
- 내 운명은 하늘이 결정하겠지 (「추수」)
- 지극한 안락은 없는 것일까 (「지락」)
- 생명이 찾아오는 것을 막을 수
  없고, 가는 것을 멈출 수 없다 (「달생」)
- 가난은 때를 만나지 못한 것일 뿐 (「산목」)
- 가장 슬픈 일은 마음이 죽는 것 (「전자방」)
- 사물의 경계가 없는 경지 (「지북유」)

〈잡편雜篇〉

- 더불어 이야기할 사람이 없다 (「서무귀」)
- 세 가지 유형의 사람들 (「서무귀」)
- 한 바가지 물만 있어도 살 수 있는 것을 (「외물」)
- 청렴인가, 탐욕인가는 성찰하는 한계의 차이 (「도척」)

※ 참고한 책과 자료 목록

이 몸뚱이 사랑하지 말고

싫어하지도 말자

어찌 이 몸을 사랑하겠는가

만겁 번뇌의 뿌리인 것을

어찌 싫어만 하겠는가

한 줌 허공의 티끌일 뿐인데

사랑함도 싫어함도 없어야

비로소 자유로이 노니는 사람이겠지

- 소요영逍遙詠, 백거이白居易

영원한 대자유인의 꿈

대다수 평범한 사람들처럼 노자老子와 장자莊子에 대한 선입견은 내게 추상적이었다. 사유의 깊이가 부족했으므로 때때로 『장자』를 읽어 온 지 오래 되었지만 명쾌하지 않았고 『도덕경道德經』과, 호접몽胡蝶夢, 도교道敎, 선도禪道 등과 뒤섞여 막연한 감이 없지 않았다. 장자가 알려주고 싶어 했던 참뜻에 대한 궁금함은 계속 있었다. 더욱이 『장자』의 자字, 구句 하나하나가 매우 심오한 뜻을 담고 있기도 해서 이를 해석하고 소개하는 글들마저 너무 전문적이고 논의가 다양하니 여전히 쉽게 다가오지 않았다. 장자의 경지를 공감하지 못한 대중에게는 더욱 어려운 것이 되어버린 듯하다.

장자가 체득한 지극한 경지가 중인衆人이 알기 쉽지 않은 것이지, 그가 일부러 알지 못하도록 말한 건 아닐 터. 소통될 이에게만 대상을 한정하였다면 애써 납득시키기 위해 우언寓言 등의 방식을 차용할 필요도 없었을 것이다.

노자나 장자가 당시의 시대 상황을 진실로 안타까워했다는 생각을 떨칠 수가 없다. 인간과 세상에 대한 이상적인 기대와 바람을 그들은 계속해서 드러내고 있다고 보였다. 장자가 반문명적이거나 반체제적이라는 말은 쉽게 수긍되지 않는다. 노자도 자기가 추구하는 치세治世에 대한 기대를 내비쳤고, 장자 역시 많은 곳에서 도에 비추어 사람들의 바른 삶에 대한 바람이 없는 것 같지는 않다. 애정과 기대가 없다면 뭐 하러 생각을 밝히겠는가? 세속을 살아가는 사람과 무관한 초월적인 지식이나 인식을 부정했으므로 그는 단순한 회의주의자나 심미주의자(천지자연의 아름다움, 덕·자연과의 조화를 통한 즐거움을 이야기하는바)가 아니라는 강신주의 주장에 수긍하게 된다.(*『장자의 철학』)

이제 남은 날이 살아온 날보다 확연히 짧을 나이에 이르러 노자와 장자의 말이 마음에 조금씩 스며든다. 그래서 『○세에 읽는 ○○』식의 제호題號를 공감하고 있다. 장년壯年의 나이는 멋모르고 세상에 대들던 철없던 시기를 건너와, 세파世波에 때가 묻고 닳아가면서 (원숙해진 것이라기보다는) 영악해지고 노회老獪해졌지만 세상은 더욱 무겁게 다가오는 시기였었다. 삶의 무게가 집요하게 가하는 압박을 더욱 깊게 깨달았기에, 가장 치열하게 생존의 수단을 확보해야 할 시기임에도 지쳐가기 시작한 때이기도 하다. 지금 그러한 시기라고 느껴지는 이가 있다면 주류主流에서 밀려나고 있는 상황일지 모르겠다. 나름대로 성취를 이루었다고 자만하거나, 부와 명예를 획득한 사람들은 아직 지치지 않았을 것이기에.

엄청난 부富를 가진 많은 사람들, 대단한 명예를 거머쥔 사람들에 감히 비교할 엄두도 못 낼 만큼 나는 역량이 턱없이 부족한 사람일 뿐이다. 단단하고 뛰어난 처세술을 가진, 영악한 사람들과의 경쟁에 치이고 지쳐 도피를 수없이 꿈꾸었었다. 그래서 장자를 그런 자신의 처지에 마음대로 빗대어 생각해보곤 했었다. 공부가 깊지 못하므로 어떤 심도 있는 학문적 탐구가 아닌 서민으로서, 장자를 생각해 본다. 그처럼 큰 자유는 누려보지 못하더라도, 많은 부분에서 너무나 무능력했던 이 삶에 대한 안타까움을 위로받을지 모른다는 생각이 들었다.

장자의 도는 단지 머릿속의 지식은 아닐 거라고 생각한다. 그는 추상적인 세계인듯하면서도 지식으로만은 도저히 간파하기 어려울 도를 현실에 끌어와 명확히 설하고 있다. 「우언」편에서 장자의 문체를 설명하고 있다. 우언寓言, 중언重言 치언巵言의 형태다. 우언이 열에 아홉, 중언이 열에 일곱, 그리고 치언이다. 그러므로 대부분이 우언이다. 이것이 장자의 사상을 '이솝 우화' 비슷한 이야깃거리로 비추는 것일 수 있다. (*우언은 사람·사물에 의탁하여 하는 설명이고, 중언은 공자 등 당시 존중받는 사람에 의탁하여 하는 설명이며, 치언은 술이 가득 차면 기울게 되는 형태의 술잔처럼 상대·사람·물·장소·때에 맞춰 하는 설명이다. 이강수, 『노자와 장자』)

도가는 노자에서 비롯되어 장자에서 거의 완성되었다고 한다. 물론 세월이 흘러가며 후세들의 생각(여러 사상, 관점 등도 섞이고 해석하는 이의 개인적 생각마저)도 많이 첨가되었겠지만. 노자를 같이 생각하면서 장자를 따라가 본다. 노자와 장자가 같이 묶여 도가道家라고 하는 것이 맞는가, 라는 의견도 있지만. 노자든 장자든 지금까지 우리에게 전해지도록 살아남은 이유가 있을 것이다. (*장자는 자연

즉, 천天을 강조하고 노자는 맑음과 비움(청허淸虛), 겸손과 유연함(비약卑弱)으로 마치 여성처럼 물러나는(굴詘) 삶의 태도를 지향한 사상가다. 강신주)

장자는 인간에게서 무슨 희망을 본 것일까? 인간이라는 단순하지 않은 결함체의 난감함을 알면서도 이런 실현 가능할 것 같지 않은 궁극의 경지에 대한 생각을 남겼을까? 그의 진심은 무엇인가? 그래서 꿈을 꾸는가? 장자는 세상을 멀리서 보자고 한다. 나는 그렇게 믿는다. 삶이 의지와 상관없이 어떻게 전개되어 버렸든 간에 근시안적으로 생각하지 말자는 것으로 받아들였다.

부귀, 권위, 명예, 사랑, 성취를 누군가는 이루었고 누군가는 근처에도 가지 못했든 무슨 상관인가? 가치 있다고 하는 경험과 아름다운 추억, 반대로 부족한 내 인생에 대한 분노와 증오도 영원하지 않다. 마음 한번 바꿔 먹으면 나는 정신만은 침해받지 않는 대자유인이 된다. 차별 없는 영원한 도의 세상을 꿈꾸며 나는 생을 후회 없이 건너갈 수도 있다는 희망을 간직하고 있다.

장자라는 사람과 『장자』라는 책

장자(BC355?~275?)의 이름은 주周다. 사마천의 사기에 그에 관한 기록이 있다고 한다. 『맹자孟子』에도 나오는 전국시대戰國時代(BC475경~222년)의 위魏나라 양혜왕梁惠王, 제齊나라 선왕宣王과 같은 시대에 살았으며 송宋나라 몽蒙이라는 곳에서 칠원리漆園吏를 지냈다고 한다. 칠원은 옻나무가 많은 동산이며 그곳을 관리하는 직책이다.(제후의 사냥터였을 거라는 주장이 있다. 나중에 이 일도 그만두었다고 한다.) 일이나 인간관계에 치이면 자기를 돌아볼 틈도 없는 법이다. 정치나 상업 등의 속세적 온갖 이해관계를 떠나, 이런 자연 친화적 상황이 장자의 글에 미쳤을 영향도 추측해 본다.

「추수」편에 초楚나라 위왕威王이 장자를 재상으로 초빙하고자 했으나 거절당하는 이야기가 있다. 장자가 복수濮水(황하의 지류라는 설.)에서 낚시할 때 초나라 위왕이 대부大夫 둘을 먼저 보내 "선생을 우리나라에 모시기를 원한다"고 하자, 장자는 낚싯대를 쥔 채 돌아보지도 않고 이렇게 말했다. "내가 듣기에 초나라에 죽은 지 삼천 년 된 신령한 거북이 있어 왕이 천으로 싸서 그 유골을 묘당에 모셔두었다고 하던데, 차라리 나는 죽어 유골로 귀하기보다는 살아서 진흙 속에서 꼬리를 끄는 거북이가 되겠소." 무엇엔가 속박당하기보다 자유롭기를 더 소중하게 생각했을 장자의 명예욕과 물욕을 벗어난, 초연함을 보여준다.

장자의 글은 기발한 비유, 날카로운 지적, 초탈한 유유자적함 등으로 대단한 글솜씨의 전범典範으로 평가받는다고 한다. 실제 그의 글에서 상황에 대한 세밀하고도 탁월한 묘사, 인간과 인간이 속한 세상에 대한 대단한 통찰을 보게 된다. 이강수는, 다양한 수단으로 선입견·아집·편견을 깨트리려는 장자는 단순한 사변思辨철학자가 아니고 도를 직접 체험하려는 실천적 구도자라 할 수 있으며 단지 이성적 사유에 의해 존재를 해명하려는 형이상학자와는 다르다고 주장한다.

「천하」편에 장자에 대한 평이 있다. '현실에 맞지 않고 황당한 이야기로 어떨 때는 제멋대로인 것 같으나 오만하지도 구차하지도 않았으되, 진기한 이야기를 하는 것이 아니다. 그가 그러한 것은 천하가 혼탁한데 바른말로 하기가 어렵다고 생각해서, 치언卮言으로 자연의 순리를 따르게 하고, 중언重言으로 진리를 깨닫게 하고, 우언寓言으로 생각을 크게 하였다. 홀로 천지의 정신과 일체가 되어 만물을 분별하여 시비를 따지지 않으면서도, 세속世俗과 더불어 살았다. 그의 글은 비록 괴이하고 독특하지만 사물을 해치는 것은 아니다. 표현하는 언사는 들쑥날쑥하지만, 해학이 볼만하다. 그는 마음에 담고 있는 것을 다 표현할 수가 없었기 때문이다. 조물자造物者와 함께 노닐고, 생사를 뛰어넘어 끝도 시작도 없는 지극함을 벗으로 삼았다.' '도의 큰 줄기에 대해서는 높은 경지에까지 올라갔다고 할 수 있으나 미진함이 있다'고 하였다. 누가 그를 이렇게 칭송인 듯 아닌 듯한 과감한 평가를 했는지 모르겠다.

장자의 정체성에 대한 현대의 여러 평가에는 자연주의자, 심미주의자, 반체제·무정부주의자, 반문명주의자, 민중을 대변하는 혁명가적 이미지 등을 말하고 있지만 어리석고 비틀린 세상에 대한 반어적 표현이 그렇게 그를 비추는가 싶다. 내가 보는 장자는 외곽의 자연에서 수행하며 현상과 사물을 꿰뚫어 본 '아웃사이더'다. 그리고 현실의 삶을 담담히 영위하고자 애쓴, 깨달은 구도자였을 뿐이라고 생각한다. 세속에 초탈하다고 세상의 어긋남에 아무 생각이 없는 건 아니기에.

『장자』는 일부가 소실되어 내편內篇 7, 외편外篇 15, 잡편雜篇 11 등 전부 33편이 전해지고 있다. (*전해지는 판본은 장자 이후 약 600년 뒤 220~420년의 위진魏晉시대 곽상郭象의 『장자주莊子注』로, 1세기 무렵 한나라의 반고班固가 쓴 한서漢書 예문지藝文志의 기록에 비하면, 중요하다고 볼 내편 7은 같고, 외편 등이 줄어 총 55편이므로 약 60%만 전해지는 셈이다. 곽상본은 총 6만 4천 6백6자로 되어 있다고 한다.)

장자의 직접적인 사상은 내편일 것이라고 연구자들의 의견이 거의 일치하고, 외편 등은 후학들의 것으로 판단하고 있다. 역시 읽어보면 내편에서의 생각이 추가·분석된 듯하고 잡편은 '같이 묶었다'라는 생각이 든다. 여러 사상가들의 생각이 겹쳐지고, 읽다가 의구심(장자가 정말 그렇게 생각했을까?)이 떠오르는 부분도 있다.

『장자』는 다른 편을 제외하고 내편 내에서 연구되어야 타당하지 않은가, 라고 강신주는 말한다. 그러나 그 차이와 의미를 분석하지는 못하고 우매한 내가 내편에서 깨닫지 못한 것을 배울 수 있을지 모르니까 장자와 가까웠던 시대의 선인들의 지혜가 쌓여온 공부라 단순히 생각하여 외편과 잡편을 읽기에 포함하였다.

이 책 나름의 글쓰기 기준

장자의 무한한 사유의 세계 속에서, 갑갑한 틀을 벗어나 인식의 경계가 털끝 정도라도 넓어질 수 있을지도 모르겠다는 막연한 짐작이 이 글의 출발점이다. 다시 자세히 읽다 보면 그동안 어렵고 모호하게 생각했던 장자의 말이 좀 더 다가올지 모른다는 생각에, 내게 납득이 되어야지 특정 그룹의 연구 영역 위주로 현미경식 논리의 전문성만이 인정받는 건 나를 포함한 평범한 대중에겐 별 의미가 없다는 생각이기도 하다. 『장자』가 특수 계층에만 읽혀야 하는 것은 아니라고 믿어, 무식하면 용감하다고 이런 막무가내의 도전을 하는 평범한 야인野人의 부족함을 양해 바라고 있다.

학술적인 전문 연구자의 관점에서는 서투른 해석에 오류가 다양할 것이다. 장자를 막연히 느끼는, 철없는 생각을 보여주는 정도일지는 모르겠지만 보통의 한 인간으로서 장자를 공감하려는 의지는 이해받고 싶다. 각 편의 우화 등에 숨겨진 심오함을 분석하지는 못하고 일부는 부분적인 글귀에 따라오는 단편적 상념임을 밝힌다. 그래서 『장자』의 개념과 이 책에서의 글귀가 혼선을 일으키는 것은 있을 것이다.

기세춘 선생은 어린아이의 순진무구한 마음으로 『장자』를 읽으라 한다. 장자가 그렇게 요구했기 때문이라고. 전문성을 갖춘 연구 학술서가 아닌 에세이 형식인 본 글의 작성은 다음과 같은 기준을 바탕으로 쓰게 되었다.

- 장자는 저서인 『장자』를 남기게 한 사상가인 장주의 존칭이고 표기 『장자』는 책이며, 「   」는 그 안의 편 제목이다. 『장자』는 『남화진경』(당나라 현종이 존경의 뜻으로 붙였다고 한다.)이라고도 불린다.

- 이 글을 쓰면서 지은 소제목은 『장자』 각 편의 내용 중에서 발췌한 것이며 전개 순서는 내편, 외편, 잡편의 차례에 따른 것이다.

- 한문에 대한 깊은 지식은 부족하므로 접한 범위 내에서의 책들로서 이강수 교수, 강신주 교수, 기세춘 선생, 전통문화연구회(동양고전종합DB), 일부 연구 논문 등을 비교하고 참조했다.

- 한자는 일부 그 시대와 현대의 의미가 유지 또는 변화되었을 것이나 이 책은 한자에 대해 그런 전문성을 가지고 분석한 것은 아니고 전반적인 글의 흐름을 파악하고자 하였다.

- 실제로는 자구字句마다 심층적 뜻이 숨어 있을 수 있지만 되도록 쉽게 이해해 보고자, 부족하지만 일부는 요약하고 자의적인 의역을 덧붙였다.

- 『장자』를 읽고 개인적 생각을 술회한 것이므로 당대의 역사·사건·사상사적 조류와 의미에 대한 세심한 검토를 수행해서 보완된 글이 아님을 밝힌다.

- 『장자』에서 인용한 내용이 잘 구분되지 않는 부분은 마치 내 생각인 것처럼 오해될 수 있어서 일부 《 》로 기호를 덧붙였다. 때로 ( )안의 첨언들은 보다 문맥을 쉽게 이해해 보고자 한 것이다.

- 내편과 외편·잡편의 내용은 장자와 장자 후학이라는 다름이 있을 수 있어, 서로 비교되어 용어나 뜻이 본문에 구분되어야 하나 그렇게 하지 못했다. 『노자』와 『장자』의 차이점에 대해서도 마찬가지다. 본 글은 『장자』를 통한 개인적인 생각을 쓴 것임을 다시 한번 양해해 주기를 바라고 있다.

- 이 책에서 본질, 실체, 근원 등과 같은 여러 전문 철학 개념·논리상의 주요 용어들을 사용했는데 여기서는 그냥 보통 사람의 일상적인 단순한 대화의 수준으로만 사용했다. (사상이나 철학, 종교, 교리 같은 것을 논할 때 심오한 의미가 있어 단어 하나하나가 상당한 논쟁의 소지를 품고 있으므로 쓰임에 조심스럽지만.)

대붕처럼 한계를 넘어 날아가기를

(「소요유逍遙遊」)

장자의 소요유 중 대붕大鵬의 이야기를 읽으면서, 천상병 시인의 「귀천歸天」이 생각났다.

"나 하늘로 돌아가리라
새벽빛 와 닿으면 스러지는
이슬 더불어 손에 손을 잡고
나 하늘로 돌아가리라
  ......
나 하늘로 돌아가리라
아름다운 이 세상 소풍 끝내는 날
가서, 아름다웠다고 말하리라"

지옥 같은 고통을 이승에서 겪고서도 그는 이런 초월적인 자유 정신을 보여주었다. 비록 몸은 고문으로 망가지고, 정신은 핍박당했을지라도 천상병 그는 당대의 누구도 따라가지 못할 대자유인이었다.

어찌 한 계절 짧은 기간만 사는 매미와 가까운

나무에나 날아다니는 메추라기(뭐 하러 구만리 창공을 올라 남쪽으로 날아갈까? 라며 붕을 비웃었다. 우리는 이 나무 저 나무 날아다니는 것만으로도 충분한데, 라고.)가 감히 알까. 크기가 몇천 리里인지 모르는 물고기 곤鯤과 구만리 상공을 나는 붕鵬의 시야와 생각을. 《곤이 붕으로 변신해 바다가 움직이면 (이때 물결이 삼천리를 인다. 가까운 들판에 나가는 사람은 세 끼 밥만 먹어도 아직 배고프지 않고, 백 리 길을 떠나는 이는 전날에 식량을 준비해야 하고, 천 리 길을 가려는 이는 3개월 전부터 식량을 준비해야 한다. 큰일에는 많은 준비가 필요한 것이라고 설명한다.) 회오리바람을 타고 구만 리 높이에 올라가 남명南冥으로 날아간다. (태풍이 불면서 바다가 뒤집히는 법. 남명은 하늘의 호수 천지天池다.)》 명冥은 까마득한 어둠 속의 광막한 세상이다. 저승을 명계冥界라고도 부른다. 광활하고 적막한 우주 공간(은하수가 있는)도 그런 식으로 표현할 수 있을 것이다.

《제해齊諧라는 사람(또는 기담奇談을 모은 책의 제목)이 붕의 날아가는 모습을 말해주기를, 붕의 날갯짓이 삼천리 물결을 일으키며 두꺼운 대기층이 받쳐주고 구만리의 바람이 아래에 있어야, 푸른 하늘을 등지고 막힘이 없이 날아간다. 한 번 날면 여섯 달 만에 쉰다. '초楚나라의 명령冥靈이라는 나무에게는 오백 년이 봄이고 오백 년이 가을이다. 아주 옛날에 참죽나무가 있었는데 그 나무에게는 팔천 년이 봄이고 팔천 년이 가을이었다. 인간으로서 가장 오래 살았다는 팽조彭祖(전설상의 인물.)가 기껏 팔백 년을 산 것이 뭐라고. 이것이야말로 작은 것과 큰 것을 말하는 것이다.'》 장자의 썰說의 규모는 이 정도로 크다.

한 사람의 인생에서도 보통은 어떤 크고 중요한 변화의 계기가 있다. 곤은 어느 때에 이르러 절호의 기회를 맞아 붕이 되어 하늘 높이 날 수 있게 되었다. 누구나 간절히 큰 꿈을 꾼다. 겨우 주변 나무나 날아다니며 만족하겠는가. 장자의 이런 얘기가 우리의 꿈을 대신하므로 지금껏 전해지는 게 아닐까.

여기서 붕이 '대기층과 바람에 의지한다'는 것이 정말 완벽한 대자유인가? 생각해 보게 된다. "무엇에도 의지하지 않고 노닐라"고 한 장자다. 정신의 경지라면 몰라도 물체로 화化한 존재로서의 한계는 이미 어쩔 수 없지 않은가? 곤이나, 붕이나 우리나 현실의 물질인 이상 그렇다. 그러나 지상에 몸은 붙들려 통제·억압되어도 정신만은 무엇에도 거침없이 닿을 수 없는 창공을 날 수 있는 것. 비록 대기층과 바람에 의지하긴 했지만, 감히 누구도 침해할 수 없는 큰 자유는 이 정도는 되어야 하는 것 아닌가. (*강신주는 이를 유한성의 토대에서 무한한 타자他者와의 조우遭遇와 소통이라고 한다.)

「추수秋水」편에, 넘치는 강물의 웅장함에 자부심이 가득했던 강의 신 하백河伯이 북해北海의 바다에 이르러 끝이 없는 바다의 장엄함에 놀라자 북해의 신선 약若이 하는 말이 있다. "우물 안 개구리에게 바다를 말해도 알지 못하는 것은 장소에 매이기 때문이며, 여름만 사는 곤충에게 얼음을 말해봐야 알 수 없는 것은 때에 매이기 때문이고, 비뚤어진 선비에게 도를 말해주어도 알지 못하는 것은 가르침에 구속되어 있기 때문이다."

무엇을 추구하든 틀(논리·과학적 타당성이 없는 자기만의 신념·고착된 관념을 포함한다.)은 크나큰 장애가 된다. 노자가 말하기를 안팎으로 묶인 자는 도덕을 지킬 수 없다고 하였다.(「경상초」) 자기만 보고, 아는 것으로 우기는 경우를 우리는 경험상 알고 있다. 곤과 붕을 말하는 장자가 아마 이런 심정이었을 것 같다. 장자는 왜 곤(크기가 몇천 리인지 모르고)이나 붕(이 새의 등 넓이도 몇천 리인지 모른다.)과 같은 엄청난 크기의 상상 속의 동물을 비유로 들었을까? 사람들이 생각하는 범위 내의 알고 있는 동물이라면 또 분별을 일으켰을 것이다. 그러니 아예 누구도 감히 생각지도 못할 것을 만들어낸 것은 아닐까. (작은 지혜와 큰 지혜의 차이와, 짧은 수명과 긴 수명의 차이를 비유한 것이라고 장자는 밝히고 있다.) 이 정도 큰 새가 6개월을 날려면 지구상의 공간을 벗어나야 할 것이다. 틀을 벗기는 너무나 어렵다. (틀을 벗는다는 것이 마치 아무 거리낌 없어서 기행을 일삼는다는 뜻은 아니며, 이래도 되고 저래도 된다는 식의 무분별한 언행을 뜻하는 것은 아니다.) 정말 고치기 어려운 틀(주관, 성격, 습관 등)이 우리 명命의 운행에 영향을 미친다(그래서 운명이라고 한다.)고 나는 생각한다.

틀을 벗어나지 못하면 장자를 이해하기 어렵다. 견오肩吾와 나누는 연숙連叔의 말이 그렇다. (견오,

연숙, 접여는 전설에 나오는 또는 가상의 인물들이라고 한다.) "접여接輿가 '산에 사는 신인神人들은 바람과 이슬을 먹고 사해 밖을 노닌다'고 한다"는 도저히 믿기 어려운, 거짓말 같은 이야기를 하더라는 견오의 말에 연숙은 "어찌 몸의 봉사와 귀머거리만 있겠소. 앎에도 역시 장님과 귀머거리가 있다오. 그건 당신과 같은 사람을 두고 하는 말이라오"라고 한다. (《송宋나라 사람이 장보章甫라는 전통 모자를 팔러 월越나라에 갔는데 머리가 짧고 문신을 자랑하는 월나라 사람들에게는 모자가 필요 없었던 것》처럼 접여의 신인 이야기도 사실일 수 있는 것이고 월나라 사람들은 모자를 안 쓸 수 있는 거니까. 내가 모른다고 해서 남들이 틀린 것은 아닐 것이다.) 그래서 장자는 보편적이지 못한 세계, 사람·사물을 비유로 든다. 견고한 마음의 틀을 깨고 나오라고.

의외로 세상과 멀어지면 마음이 커진다. 높은 산을 오르고 속해있던 소란한 세상으로부터 떨어져 그곳을 아주 거시적巨視的으로 멀리서 바라보게 되면 자유를 느낀다. 극한의 스포츠를 즐기는 사람들의 도전은 그 때문이리라. 죽음을 절실히 생각하거나 죽을 고비를 넘기면 외물外物에 대한 탐착은 줄어들기도 한다. 무엇보다 고통 없이 죽는 것을 더욱 소망하게 된 나이가 되어서야 조금은 세상살이의 탐진치貪瞋痴가 옅어지는 느낌이 든다. 무엇 때문에 그렇게나 아등바등하며 살아왔던가, 영향을 미쳤던 인간관계에 그따위로 수치스럽게 매달렸던가, 정작 내게는 하등 관심도 없는 이들을 잔뜩 의식하며 평판을 두려워했던가, 더불어 사람 노릇 해보겠다고 저지른 잘못들은 부끄럽고 후회스럽기만 하다. 이것이 죽음의 두려움 다음으로 떠올리게 되는 감정인 슬픔의 원인이었다. 천상병처럼 깨끗해진 마음으로 회복되어 돌아갈 수 있기를 바라면서 마음은 구만리 하늘 위로 거침없이 날아가기를 빌어본다.

구태여 무엇에 의지하는가

(「소요유」)

《열자列子(춘추전국시대 도가 사상가라고 하며 실존 여부가 논란이 있음.)는 바람을 타고 날아다니다가 십오 일이 되어야 돌아온다. 물론 그렇게 날아다니는 그도 바람에 의지하고 있다. 만약 천지의 도道를 타고 육기六氣의 변화에 따라 무궁無窮에 노닌다면 구태여 무엇에 의지하는가? 그렇다면 자기를 의식할 필요도 없고(지인至人), 공적이라고 드러낼 필요도 없고(신인神人), 명예도 있을 필요가 없을(성인聖人) 것이다.》 붕이나 열자나 바람을 타고 날다가 때가 되면 쉬고 돌아온다.

장자는 무궁을 '무엇에 의지할 필요가 없는 상태'(궁극적인 무대無對의 경지다. 그곳은 무한한 세계다.)라고 밝히고 있다. 그 조건은 천지의 도(천지지정天地之正)에 오르고(승乘) 육기의 변화에 따르는 것이다. (*기세춘은 천지지정의 정正을 상도常道라고 하고, 좌전左傳을 빌어 육기는 '음양풍우회명陰陽風雨晦明'의 자연 현상이라고 한다.) 나는 단순하게 천지의 도가 운행하는 방식 또는 우주 순환의 원리라는 형태로 이해하고자 하였다. '의지할 필요가 없음'은 완벽한 자유다. 그러나 변화(化)된 존재인 대붕이든, 인간이든 생태 환경 자체는 독립적이지 못하다. 우리가 구체적으로 의존(유대有待)하는 것은 무엇인가? 장자는 이것을 물物이라 한다. 천하·국가·명리가 모두 외물外物이다.(*이강수. 송宋 임희일의 말을 인용.) 모양貌·형상象·소리聲·빛깔色을 지닌 것은 모두 물이다.(「달생」) 즉, 인간의 감관感關과 사유思惟와 언어의 대상이 될 수 있는 현상계의 일체 사물·사건들을 가리킨다.(*이강수. 「대종사」편에서는 여우女偶의 이야기에 외물은 물을 벗어남이라는 뜻으로도 사용되었다.)

무엇에든 기대어야 살아갈 수 있다는 것이 우리의 숙명이며 이것이 업業(카르마)을 반복하며 벗어날 수 없게 만드는 함정인 것 같다. 인간의 생존은 다른 생명·물질의 에너지를 취하는 방식이기 때문이다. 장자도 "한번 육체를 받았으면 죽지 않는 한 그것이 소멸하지 않는다. 물질과 서로 거스르거나 순응하면서 끝까지 달리는 말과 같으니 슬픈 일이 아닌가? 그러니 죽지 않는 방도가 있다고 한들 무슨 소용인가? 몸(형체)이 변하면(화化, 또는 죽으면) 마음도 자연히 따라가는바, 인간의 삶이 이처럼 허망한가?"라고 말한다.(「제물론」)

실은, 속세를 살아가는 우리가 무궁에 이르는 것은 애초에 거의 불가능하다. 알면서도 도저히 도달할 수 없는 곳이라는 절망에 쉬이 빠져버린다. 석가모니 부처님의 말씀처럼 내 삶의 현장이 고해苦海(극소수의 선택된 이들에게는 다르다고 할 수도 있지만)가 아닐 수 없다. 무엇에든 의지해야만 하고 끝내 죽는 것, 그러니 불사不死의 방도를 안들 그게 다 무슨 소용인가, 허무감에 빠지기 쉽다.

그럼에도 불구하고 선각자들이 말하기를, 인간으로 온 것이나마 영혼의 성장을 이룰 기회를 붙든 대단한 축복이라 하고, 안타깝지만 우리는 영혼이 성장해야 하는 지난至難하고 고단한 길을 가야 한다고 주장한다. 그것이 우리의 숙명인지라, 우선 개별적 도(개인의 숙명도 하나의 가야만 하는 길, 도다.)를 성실히(이 뜻을 살면서 악행을 저질러도 되고 태만하게 살아도 되는 건 아니라고 믿어보자.) 이행해야 한다는 것. 장자 역시 일체가 하나가 되어 자유로워지는 세계가 있으며, 정신적 체험을 통해 도달할 수 있는 곳이라고 이야기한다.

존재 자체가 유한하며 절대적으로 무엇엔가 의존하지 않을 수 없는 인간 본성은 강렬한 유혹에 빠지기 쉽다. 유한하므로 이 한 번의 기회 동안 '마치 지금만 살고 말 것처럼' 삶을 대하는 자포자기적 감정과 태도다. '죽음이 가까운 마음은 양기마저 다시 회복하기 어렵게 한다'고 장자는 말한다. 마음이라도 미리 죽지 말아야 하는데. 한평생을 부끄러움 없이 존재의 의미를 찾으며 사는데도 시간은 너무나 짧다.

《요堯임금이 허유許由(불확실하지만 요임금의 스승이라고도 하고 당시의 현자라고 하는 설.)에게 말했다. "나는 스스로 부족함을 잘 알고 있으니 이제는 선생께서 천하를 다스리길 바라오"라고 하자 허유가 말했다. "이미 천하는 잘 다스려지고 있는데 내가 그대를 대신해 허울뿐인 이름(천자라는 명예)만 가지란 말이오? 명예란 것은 실체의 대신(賓賓. 손님)일 뿐이니, 나에게 껍데기가 되란 말이오? 뱁새가 숲에서 둥지를 틀어봐야 나뭇가지 하나일 뿐이고 들쥐가 황하의 물을 마신들 기껏해야 제 배에 찰 만큼이오. 내게는 천하가 소용이 없소. 요리사가 요리를 잘못한다고 제사 때 보조하는 시동侍童이

나 축문을 읽는 이가 요리사를 대신할 순 없는 법이오", 라고 한다.》

취할 수 있는 명예나 재물이라 해봐야 과연 얼마나 될 것이며, 죽은 다음의 이름이란 실제로 한 인간을 기억하는 가치로써 그렇게 대단할까? 후인이 기억해 준들 죽은 이에게는 무슨 의미가 있는가, 살아있는 사람들의 집착일 뿐이다.

장자의 안타까운 충고에도 불구하고, 평생을 명예, 가장의 도리, 가정의 경제적 안정을 기쇼한다고 외물을 위해서 살아왔다. 그것마저도 그냥 주어진 것은 아니었다. 한 인간으로서 자존의 훼손과 심신의 소모에 대한 소소한 대가代價였을 뿐. 명예도 변변치 않았고 재물도 항상 부족했다. 현실에 만족하지 못하고 정신적인 것에 몰두하는 인생은 현세에서 부족함이 많았다는 반증일 것이다. 왜 누군가는 세속적인 많은 것을 넘치게 향유하고 누구는 정신을 지향하는 것일까? 운명과 업보를 상습적으로 생각해 왔다.

살아보자고 세파에 휩쓸려 부대끼면서 마음은 항

상 다른 곳을 꿈꾸었다. 외물로서는 완전히 채울 수 없으리라는 위로에도 불구하고 따라오는 그 무엇의 부재不在. 살아온 날보다 죽음이 더 가까워질 나이에 이르러 인생의 허망함을 절감한다. 장자도 혹시 잠깐이라도 그런 심정이었던가. 그래서 중요한 것은 외물이 아니라고 말하는 장자에 기대어본다.

어디 쓸모없는 것이 있으랴

(「소요유」)

《혜자惠子(혜시惠施)가 장자에게 말하기를 "위왕魏王이 큰 박의 종자를 주어 심었더니 다섯 석石을 담을 만큼 너무 크게 열린지라 무거워 들기 어렵기에 쪼개서 표주박으로나마 쓰려고 했으나 평평해서 물을 담기에도 적당하지 않아 쓸모가 없었다"라고 하였다. 장자는 "그대는 큰 것을 쓰는 것이 서툴구려"라고 했다.》 작은 것이 아닌 큰 것의 비유는 어떤 별다른 의미(크게 또는 제 용도에 맞춰 적재적소에 매우 유용하게 쓸 수 있는 물건을 제대로 쓸 줄 모른다는 뜻이라고 보인다.)를 두는 건 아닌 것 같다.

장자는 《물건을 씀에 따라서는 대대로 묵은 솜을 빨래하는 송宋나라 사람(빨래하는 사람이라 손 트는 데 쓰는 좋은 약을 만들 줄 알았고, 어떤 나그네에게 이 처방을 비싸게 팔았다.)으로 남고, 누군가는 영주(그 나그네가 이 처방을 사서 오왕吳王을 설득해 월나라와 겨울의 수상 전투에서 전투력의 손실 없이 이기도록 도왔다. 오왕이 치하하며 나그네를 영주로 삼았다.)가 되었네. 큰 박으로 술통을 만들어 강이나 호수에 띄워도 되잖은가.》라고 한다. 또 혜자가 장자에게 "그대의 말은 쓸모가 없다"고 하니 장자는, "땅은 넓지만 사람에게 필요한 것은 발로 밟은 땅만큼일 뿐이지, 만약 내 발자국 주변의 땅을 저 끝까지 파버리면 밟고 선 이 땅이 쓸모가 있는가?" 물었다. 혜자가 "쓸모없게 되는 것"이라고 하자, 장자는 "그래서 쓸모없는 것이 쓸모가 있다는 말이 되는 것일세"라고 하였다.(「외물」)

각자 판단에 따라 쓸모 있기도 하고 쓸모없기도 할 것이다. 쓸모없는 나무는 베어지지 않았고, 우는 거위는 살아남고 울지 않는 거위는(쓸모없어도) 잡혀 죽었다.(「산목」) 혜자가 장자의 말에, "우리 집에 큰 가죽나무가 있으나 줄기에 옹이가 많고 가지는 비틀어져 목수가 거들떠보지도 않는다네. 자네의 말은 크지만, 쓸모가 없어 사람들이 떠나 버리지"라고 한다. (장자의 말이 거창하기만 하고 실제 삶에 유용한가, 라는 농담인 듯하다.) 장자는, "그(나무 또는 장자라고 해도 될 것 같다.) 곁을 노닐거나 그 아래 맘내키는 대로 누워봐도 되잖은가. 도끼에 찍혀 죽을 염려도 없고 누구도 해치려 않을 것이니 쓸모없다고 어찌 괴로워하는가?"라고 한다. 쓸모에 애태우지 말고 살아보게. 그러면 무탈하다네, 라는 장자의 생각을 짐작해 본다. 장자의 '쓸모없음'의 의도가 여기에서 명백해진다.

세상이 시끄러울수록 '쓸모 있음'이 언젠가 자신의 의도와 다르게 위태로움을 낳는 것을 지금도 많이 볼 수 있다. 많은 '쓸모'가 생명이 오래가지 못한다. 자신의 쓸모를 치열하게 내세우고 권력자의 눈에 들었다가 쓸모만 이용당하고 버려지는 경우도 종종 본다. 이렇게 심각한 상처를 남기고 버려지는 충격이나 배신감에 무너지곤 한다. 그 상처로 인한 고통은 평생을 간다.

이유 없이 세상에 태어나는 생명이 있을까, 생각해 본다. 하찮은 잡초도 이 땅에 존속해 보려 너무나 치열하다. 동물보다 더 처절한 투쟁이 식물의 세계에서 벌어지고 있는지도 모른다. 쓸모없어 보여도 잡초가 없는 자연 생태계는 존속할 수 없다. 누군가에게 퍼붓는 아픈 소리 중 하나가 '쓸모없는 ○○'일 것이다. 내가 원해서 세상에 온 것도 아닌데 기껏 나와보니 쓸모가 없다고 비난이나 듣는다면. 이러한 비수 같은 말로 영혼은 돌이킬 수 없는 상처를 받아 평생을 고통받기도 한다. 심하면 인생이 뒤틀리기도 한다. 나도 '쓸모없다'라는 말로 망가진 가까운 사람 몇을 알고 있다. 사소한 말이라도 친절하고 따뜻했더라면 그가 세상에 유용하게 소용되었을 것을 안타깝게 생각해 본다.

직장이라는 곳에서도 '쓸모'란 마찬가지다. 조직체란 권력자의 마음에 든 측근 몇 사람만으로 그 조직을 온전히 꾸려갈 수는 없다. 어느 조직체든 인간의 육체처럼 하나라도 무시할 수 없는 사지 육신·장기臟器로 이루어진, 구성원 모두를 필요로 하는 생명체이다. 손·발가락 하나라도 아파보면 알게 된다. 어느 한 부분도 쓸모없지 않다는 것을.

재물도 부족하고 역량도 부족한 운명에 관한 상상에 빠져들다가 삶의 의미를 생각해 보게 되었다. 만약에 자신이 일상적인 여건에서 크고 작은 곤란을 겪는 다수에 속하는 사람이라면 삶은 더욱 의미가 있어야 한다. 현재의 삶이 카르마를 청산하거나, 영적인 성숙을 기하는 목적을 위한 것이라고 인정하더라도 '숙명에 미리 항복하는 식은 아니다'라는 것이 내 생각이다. 최대한 현실을 넘어서 보고자 노력해 보고 그것도 안 되면 고통을 철저히 인식하고 깨달음으로 도모해 보는 것이 바른 방법이라고 생각한다. 이 삶에서 투쟁이나 노력이 없는 것은 무기력하다. 고통을 유의미화하여 최대한 향상은 시도해 봐야지, 무엇이든 왜 쓸모가 없단 말인가?

만물은 처음에는 하나였으나

(「제물론齊物論」)

《남곽南郭자기子綦(성 남쪽 외곽에 산다는 의미)는 안성자유顔成子游(앞의 둘 다 가상의 인물이라고 함.)가 "어쩐 일입니까? 선생님 앉아 계신 모습이 멍하니 짝을 잃은 것처럼 육신은 고목 같고 마음은 타버린 재 같아 보여 평소의 선생님 모습이 아닙니다"라고 묻자 이렇게 말한다. "너의 질문이 참으로 좋구나. 나는 지금 나를 잊었단다(오상아吾喪我). 너에게 사람이 만들어내는 소리(인뢰人籟)는 들리고 땅의 울림(지뢰地籟)과 하늘의 소리(천뢰天籟)는 들리지 않느냐? 세차게 흐르는 물소리, (…) 부르짖는 소리, 앞에서 나는 소리에 그 뒤를 다른 소리가 따른다. 그런데 너만은 그 소리를 듣지 못한단 말이냐?"(…) 자유는 지뢰, 인뢰, 천뢰에 대해 물었다.》

안성자유의 말은, 선생님의 모습에 생기가 없다는 뜻이 아니라 자연과 하나가 되어 마치 인간의 감각이 사라진 듯 보인다는 말일 것이다. (*천뢰天籟, 지뢰地籟, 인뢰人籟에 대해 상당한 의미의 분석·연구들이 있으나 나는 자연의 온갖 것들이 본성에 따라 만들어내는 소리·자연 현상에 의한 소리로 단순하게 이해하고자 한다.)

침묵 속에서 자연과 나를 관찰하다 보면 나를 잊고 자연의 소리, 내가 처한 진실을 목도目睹하는 순간이 생긴다. 자연의 의미 그대로 자연스러운 아름다움에 무신론자라도 신의 섭리를 느낀다. 도통道通은 아니더라도 드물게 찰나의 깨달음이 생긴다. 만물이 저마다 운행하는 소리를 듣고, 지금 나는 내 몸을 잃었다는 남곽자기는 깊은 깨달음에 몰입되었던 것일 거다.

「천지」편에 만물의 기원에 관한 내용이 있다. 《태초에 무無만 있었고 유有는 없었으며 명名(이름)도 없었다. 일(一)이 일어나 아직 형체를 이루지는 못했다. 물物이 이로부터 생기니 덕德이라고 한다. 아직 형체가 없는 것이 분화되었고 아직은 구분間은 없으니 명命이라고 한다. 이것들이 변화하며 물(물질)을 형성하고 만물의 이치(리理. 물질이 생성·소멸하는 규칙이라고 나는 생각한다.)가 생겨났다. (형성된) 물을 형形이라 한다. 그 형체가 정신(기능, 마음, 혼이라고 생각해 본다.)을 가지게 되어 이것을 성

性(물질의 본성)이라 한다.》

다시 전개해 보자면, 도(태초의 무無의 세계) → 하나(비로소 잉태되어) → 덕(도가 개별 사물에 나뉘어 전개된 것으로 만물의 입장에선 도가 베풀어진 것이므로 덕이다.) → 물(도를 덕으로 나눠 가진 사물) → 형(이것이 명命·성을 더불어 가짐. 도의 입장에선 부여한 것이므로 명이다.)이다. 물은 만물이라고 보고 형은 물에 속하는 것으로 형체·육체를 가진 거라고 본다.

나의 위와 같은 단계적 해석의 노력이 더 복잡해져 버린 것 같지만, 마치 주역에서 비롯된 태극·음양 이론이나 우리에게 전해오는 천부경天符經의 처음과 비슷하다. 《일시무시일一始無始一 석삼극析三極 무진본無盡本. '처음 하나로부터 시작되었으나 그 시작이 어디에서 비롯되었는지 모른다. 거기에서 천지인으로 나누어지나 그 근본은 다함(끝)이 없는 것이었다.'》 노자의 도가 천부경에서 도에 대한 암시를 받았을 거라고 김익수는 주장한다. (*「천부경의 정신철학을 계승한 노자의 도와 철학의 체계적 이해」)

왜 도라고 이름 지었는가? 노자에 의하면 '태초에 온갖 것을 품고 있는 무엇이 있었으니 천지天地가 생겨나기도 전이었다. 고요하고 공空한 상태로 절대적인 것이었으니 천하의 모태라 할 수 있었다. 그 이름을 알지 못하여 그 자字를 도라고 정하고 억지로 이름 지어 크다(大)고 하였다.(『도덕경』)

《'도는 왜 그런가?' 그냥 애초부터 그런 것이다. 만약 그렇지 않다면 왜 그렇지 않은가? 애초부터 그렇지 않으니까 그런 것이다. 사물이 본래 그렇고 다 옳다. 풀줄기나 기둥, 나환자나 미인인 서시西施에게도 도는 통하여 하나가 되었다. 하나인 도가 분열하여 (대립이) 성립되면 훼손되는 것이다. (대립함이 없이) 훼손이 없어지면 다시 하나가 될 것이다. (…) 시작이 있다면 그 시작 이전의 시작이 있을 것이고 또 그것은 이전의 시작이 있었을 것이다. 유有가 있고 무無가 있으면 그 유무有無가 있기 이전이 있을 것이다. 유다 무다 하지만 그렇다면 유무는 무엇이 유이고 무엇이 무인지 알 수 없다.》

장자의 말은 때로 소피스트의 말꼬리 잡기 같지

만, 과학적으로 우주의 탄생 원인인 빅뱅이 왜 일어났는지 알 수 없듯이 처음부터 그랬을 뿐이다. 《손가락으로써 손가락이 아니라고 하는 것보다 손가락이 아닌 것으로써 손가락이 아니라고 하는 것이 낫고, 말(馬)로써 말이 아니라고 하는 것보다 말이 아닌 것으로써 말이 아니라고 하는 것이 낫다.》 천지도 손가락과 하나이고, 말馬도 만물의 하나다. 도는 천지 만물에 운행하여 이루도록 하는 것이고, 만물은 우리에 의해 일컬어지니까 그렇다고 여겨지는 것이다. 따지자면 한이 없다. 도가 왜 그렇냐고 물어봐야 누가 알까? 도가 원래 그런 것을. '처음부터 사물이 있었던 것은 아니었고 처음부터 경계가 있었던 것은 아니었으며 처음부터 시비가 있지 않았다'는 말은 만물이 분화·형성되기 이전 태초의 세계(무극無極)를 비추어 생각할 수 있을 것 같다.

《(만물이) 원래 같았던 것임을 모르는 것은 조삼이모사朝三而暮四와 같다. 원숭이를 기르는 사람(저공狙公)이 도토리를 원숭이들에게 나누어 주면서, "아침에 세 개 저녁에 네 개 주겠다"고 하자 원숭이들이 모두 화를 냈다. "그럼 아침에 네 개 저녁에 세 개 주겠다"고 하자 원숭이들이 모두 좋아하였다는 것과 같다.》 이렇게 미혹되는 것은 좋고 싫은 마음이 작용하였기 때문이라는 것이다. 결국은 같은 것임에도 한쪽을 옳다고 하는 것은, 원숭이들의 어리석음과 다를 바 없다. 따라서 성인은 따르는(치우침) 것 없이 천天(자연)에 비추어 시비是非를 조화하여 하늘의 균형(天鈞)에 머물게 한다'고 한다. 이것을 양행兩行(시와 비, 어느 한쪽에 치우치거나 분별하지 않고 둘 다 포용한다는 뜻으로 생각한다.)이라고 하였다.

《옛사람은 지혜가 지극한 데 이르러 (그 옛사람들이 알기에는) 처음에는 사물이 없었다고 하고, 그다음으로 사물은 생겨났어도 아직 구별은 없었다고 한다. 그다음에는 경계는 있었어도 시비는 생겨나지 않았다고 한다. 그러나 시비가 생겨났다. 그것은 도가 무너진 까닭이다. 도가 무너진 것은 애착이 생겨났기 때문이다. 사람들은 도의 경지가 아닌 것(도에 가깝게 이르렀다고 보이는 사람들을 따르는 것으로 도를 이루었다고 한다면 나 또한 도를 이루었다고 할 수 있을 것이다, 라고 말한다. 사이비 도인을 추종하는 것과 같다고 할까?)을 좋아하고 도가 밝힐 수 없는 것

인데도 밝히려 하였다. 이 때문에 성인은 자연의 명징明證한 도에 따른다.》

여기서 옛사람은 도를 깨달았던(자아나 고착된 관념으로 도를 오염시키지 않았던) 사람을 말하는 것으로 생각된다. 도가 펼쳐진 자연은 꾸밈없이 그대로 명백한 것이다. 명明이란 의미는, 도를 얻으면 사태를 지식으로 납득하는 것이 아니라 명확한 깨달음에 이르게 된다고 생각해 본다.

《또한 사람은 외물(욕망)을 따라 서로 닳고 상하게 한다. 그러나 사물이 없으면 살아갈 수 있는가? 이렇게 모순 속에서 자신을 소진하니 참으로 무지하고 슬픈 일이다, 라고 말하고 있다. 도는 시작과 끝이 없지만 사물은 삶과 죽음이 있다. 한 번 차면 한 번은 비워진다. 만물의 삶이란 달리는 말이 (눈앞의 보이는 벌어진) 작은 틈새를 휙 지나가 버리는 것과 같이 순식간이다.(「추수」)》 영구한 도에 비해, 인간과 사물의 형체로서의 짧은 수명은 시간이라고 표현할 수도 없다. 그 순간에도 사람은 사람끼리 그물 같은 구조 속에서 외물에 매여 서로의 기운을 소모시킨다. 물질의 결핍감 외에 큰 고통 중 하나가 인간으로 인한 갈등이기도 하다.

순환하고 대비되는 사물의 개념에 대해 이렇게 이해해 보고 싶다. 처음에 도(無)만 존재하다가 음양으로 분화되기 시작하여 생성된 사물은, 음양으로 결합하고 해체되며 순환하게 된다. 이와 관련해, 「칙양」편에 태공조太公調가 소지少知(두 사람의 이름도 상징적인 의미가 있는듯하다.)에게 말하는 도에 관한 이야기가 있다. "음양이 서로 조화하여, 사계절이 교대로 순환하며, 감정과 암수·남녀의 결합이 일어난다. 편안과 위태로움, 화와 복, 느림과 빠름이 서로 인과가 되어 모이고 흩어짐이 성립된다. (…) 만물의 순환이 차례로 이루어지니 다하면 다시 돌아오고 끝에 이르면 다시 시작된다."

《순환하는 것에서 나와 순환하는 것으로 돌아간다.(「지락」)》는 것을 일단 받아들이는 것이 우리의 기본적인 삶에 대한 태도라 할 것이다. 집착과 탐욕은 무의미한 것이다. 《만물은 모두 서로의 씨앗이 된다. 사물에서 사물로 전해지면서 처음과 끝이 고리와 같다. 이것을 천균天均이라 한다. 천

균은 천예天倪(꾸밈없는 자연의 조화)이다.(「우언」)》

천균과 천예는 치우치지 않는(均), 어린아이(倪)처럼 때 묻지 않은 순수함으로써의 도(하늘)의 모습을 뜻한다. 도(자연)의 순환하는 이치에 대해서는 에너지보존(*질량보존과 같은 의미다. $E=mC^2$로써 아인슈타인이 밝힌, 에너지의 결집이 물질이다.)의 법칙이라 생각하고 싶다. 사물은 생성되고 해체되면서, 형태는 사라져도 새로운 것으로 태어난다. 그 본질은 그대로다. 나를 잊고 만물이 내 주변에서 공존하고 있음을 깨닫는 것은, 이 육체와 그것이 처한 환경 속에서 나의 이기심을 잊는 것이다. 이런 자연과의 일치 속에서는 시비할 거리가 없다.

무엇을 근거로 시비하는가

(「제물론」)

《왕예王倪(어린아이 같다는 뜻. 가상의 인물이라고 함.)가 제자 설결齧缺(앞니가 빠졌다는 뜻. 가상 인물.)에게 '무엇에 대해 안다, 모른다고 하는 것은 실은 정말로 알거나, 모르는 것이 아닐 수 있다'고 말한다. "사람은 습한 데서 자면 허리 병이 생기나 미꾸라지는 그렇지 않고, 나무 위에서 사람은 두렵지만 원숭이는 그렇지 않다. 이 셋이 올바른 거처라는 것을 어찌 알겠는가? 사람은 가축을 먹고 지네는 뱀을 먹고 솔개와 까마귀는 쥐를 먹는다. 이들이 올바른 맛을 어찌 알겠는가? 최고의 미인이라는 모장毛嬙과 여희麗姬라도 물고기가 보면 놀라서 달아나고 새는 높이 날아가 버리고 사슴은 도망친다. 이 넷이 올바른 아름다움이라는 것을 어찌 알겠는가?"》 사는 곳, 먹는 것, 아름다움에 대한 각자 사물의 입장에서 타당한 상황이 있으므로 다른 것의 실정을 모르는바 '내 것이 옳고 네 것은 틀리다'는 식으로 내게만 비추어서 판단하면 안 된다는 말이다.

《하백이 북해약에게 물었다. "사물의 밖이건 안에서건 어디에서 귀貴와 천賤의 구별이 생기며, 어떻게 소小와 대大의 구별이 생깁니까?" 북해약은, "도의 관점으로 보면 만물에는 귀천이 없고 사물의 관점에서 보면 자기는 귀하고 상대는 천하다. 차별하고자 하는 관점에서는, 각자의 생각에 따라서 큰 것을 기준하면 크지 않은 것이 없고 작은 것을 기준하면 작지 않을 것이 없다."》 각자가 어떤 기준으로 크고 작음을 설정하면 큰 것도 작은 것도 한이 없을 것이다. 서로 다른 개인적 기준에 따라서는 천지가 돌피(제미稊米. 벼와 비슷한 풀)보다 작을 수 있고 털끝(호말毫末)이 언덕이나 산보다 클 수 있다고 북해약은 말한다. (천지라고 해봐야 풀보다 작다고 주장하는 사람이 있을 수 있고, 산이라고 해봐야 털끝보다 크지 않다는 식으로 논쟁을 벌일 수 있다. 각자 자기 관념에 따른 기준이니까.)

동東과 서西가 반대편에 있지만 그렇다고 서로가 없다면 그 개념이 무용한 것일 터. 이런 식으로 하면 인간으로서 가장 오래 8백 년이나 살았다는 팽조도 오래 산 게 아닌 것이 된다. (서로의 차별 없는 쓸모에 대한 설명이므로 대치·절대적인 개념이 아니고 상대적이라는 의미가 된다.) 각자의 기준에 따른 것, 자기는 옳고 상대는 그르다는 것, 이런 것이 차별이란 것이 생겨난 이치라 한다. 이는 천지의 이치와 만물의 실정(진실)을 모르는 것이다. 마치 하늘을 따르며 땅을 없애고 음陰을 따르며 양陽을 없애라는 것처럼(「추수」) 어차피 말도 안 되는 소리다.

《마음먹은 것(성심成心)을 스승으로 삼으면(따르면) 누구에겐들 각자만의 스승이 없겠는가? 마음의 변화를 알아채는 사람에게만 그런 것도 아니고 어리석은 자에게도 그럴 것이다. 마음을 먹기도 전에 오늘 월나라로 떠나 어제 그곳에 도착했다는 것처럼, 없는 것을 있다고 시비하는(터무니없는 억지처럼) 것과 같다. 난들 그것을 어찌 알겠는가?》 각자 마음먹은 것으로 기준 삼아 우기면 누가 어찌 헤아려서 알 아줄 수 있을까?

「덕충부」에는 '성인은 사람의 형체를 가지고 있지만 인간의 정이 없다는 말이 나온다.(유인지형有人之形 무인지정無人之情) 《혜자가 장자에게 물었다. "사람은 본래 정情이 없었던 것인가? 장자가 "그렇다"라고 하자, "정이 없다면 사람이라 할 수 있는가?" 혜자가 다시 물었다. 장자는 "하늘(천天, 도道)로부터 형체를 받아 태어났으니 어찌 사람이 아니겠는가?"라고 했다. "이미 사람이라고 했으니 정이 없다고 할 수 있을까?"라고 다시 혜자가 말하자 장자는 이렇게 답한다. "내가 말하는 정이 없다는 뜻은 사람이 좋고 싫음으로 자신을 해치지 말고, 자연의 도를 따라 무리하게 삶을 연장시키려 하지 않는 것을 말함이라네."(「덕충부」)》

혜자의 말처럼, 인간에게 정(시비, 분별, 인간적 정서, 성심 등)이 없다면 그 존재를 인간이라 할 수 있을까? 인간이 로봇과 같아서 생명의 기능만 한다면 즉, 마음이라든지 감정의 동요가 없다면 이 세상은 얼마나 삭막할까? '희로애락으로 부대끼며 사는 것도 피치 못하게 이미 주어진 인간의 삶'이며 인간에게는 그나마 소중한 것이 아닌가? 그런 삶을 살아낼 수 없는 세상이라면 우리에게 의미가 있기나 한 것일까? 어쩌면 혜자의 생각처럼 시비하고 분별하는 능력도 육체를 위한 생존 도구 중 하나일 것이다. 나는 장자의 말을 '육신을 보존하되 부정적인 마음과 주관적 자아(좋든 나쁘든 간에)

가 작용하여 평정이 깨져 몸을 상하지 않고(「덕충부」에 있는 애공과 공자의 대화에 이에 관한 이야기가 있다. "무엇을 일러 덕이 드러나지 않는다고 합니까?"라고 애공이 묻자, 공자는 "수평한 그릇은 물이 정지하여 평정平靜한 것이므로 이를 기준으로 삼으려면 그처럼 안으로 보전하고 밖으로 흔들리지 않아야 한다"고 한다.) 욕심을 부려 억지로 삶을 이어가지 않는 것'으로 생각해 본다. 어렵지만 그렇다고 불가능한 것은 아니다. 나는 도를 성찰하며 자연의 순리대로 살아가는 것이라고 우선은 쉽게 생각하고자 한다.

자연이란 분별을 떠난(인간으로 인해 시비분별이 벌어지는 것이니) 그대로의 현상이고 만물에 다 쓰임이 있으니 무엇이든 옳고 그른 것이 아니라고 장자는 말한다. 다 자연적이고 타당한 것인데 시비가 드러남으로써 도가 어긋나고 도가 비틀어짐으로써 사랑이 생긴 것이다. (*유가儒家·묵가墨家의 인의仁義와 겸애兼愛를 빗대어. 기세춘) 말하자면 인의와 겸애 같은 것들도 인간이 만들어낸 것이다. 인간이 분별을 시작하며 만들어낸 것이니 자연스러운 것이 아니다. 시작·끝, 있다·없다, 도의 한계를 따지자면 끝이 없다. 단 하나, 시비분별이 애초에 섞여 있지 않은 천지자연과 내가 하나라면 그만이다.

장자는, 이것과 저것이 서로의 원인이라는 혜시(惠施, 혜자)의 주장을 빌어, '삶과 죽음이 서로 아우르고 불가함이 있으면 가능함이 있으며, 옳고 그름이 서로 따른다.' '성인은 따르는 것이 없고 천天(자연)에 비추어본다'고 한다. 이것과 저것의 차이가 없는 것을 가지고 옳다 그르다 따지는 것은 끝이 없고, 자연이 가장 명징明澄하니까 그렇다. 《도의 관점에서 보면(이도관지以道觀之) 명백한데 사물의 관점에서 보게 되므로(이물관지以物觀之)》 분별이 생긴다.

속세의 삶에서도 내 마음에 시비를 일으키게 만드는 그 대상은 전혀 상대인 나를 의식하지 않는데도, 내 마음은 이미 스스로를 고통에 빠트리는 것으로부터 시작된다. 그런 고통을 없애려면 보고 분별하지 말아야 하는데 어느새 분별하게 된다. 이는 내게 어떤 의미도 가치도 없는 짓이다. 불교에서도 말하는 참선 수행의 가장 큰 장애(마구니, 마군魔軍) 중 하나가 그것이다.

말싸움에서 이긴들 그게 이긴 것일까

(「제물론」)

장자는, "뱉어낸다고 다 말은 아니다. 말을 하는 사람은 하려는 말이 있다. 말이 어떤 것을 특정하지 못하면 과연 그걸 말이라고 할 수 있을까? 아니면 말이라고 할 수 없을까? 병아리의 울음과는 다를 것인데 그것과 구별이 되는 것일까?" "도는 어디로 사라지고 진실과 거짓이 생겨났는가? 말의 무엇으로 시비가 있는가? 도는 어디로 숨고 말은 어떤 것으로 옳지 않은가? 도는 작게 이룬 것에서 숨어버리고 말은 번지르르한 데서 숨어버린다"라고 한다. 이는 온전하지 못한 것에서는 도가 제대로 드러나지 않을뿐더러, 말이란 전하려는 뜻이 분명히 있는 것이지만 말로 전할 수도 없는 도를 말로 표현하게 되면서 말의 겉치레에서 본 뜻이 사라져 버린다는 의미인 듯하다.

《나와 네가 논쟁을 벌이다가 내가 져서 너를 이기지 못했으면 네가 옳고 나는 틀린 것일까? 반대로 내가 이기고 네가 졌다면 내가 옳고 너는 틀린 것인가? 한쪽이 옳다면 다른 쪽은 틀린 것일까? 둘 다 옳고 둘 다 틀린 것일까? 나와 너 둘로는 알 수 없으므로 누구에게 옳은 것을 물어봐야 할까? 너와 의견이 같은 사람에게 물으면 그게 공정할까? 나에게 동조하는 사람에게 묻는다면 그게 공정할까?》 시是와 비非는 피차가 알지 못하는 사안에 대해서 주관적인 가치 판단 기준(성심成心)을 내세우기 때문이다. 자기 주관이 없는 사람은 없을 것이다. 주관이 없다고 하는 이도 '주관 없음'을 자기 마음의 결정으로 따른 것이다. 말싸움에서 한 쪽이 이긴다고 해도 상대는 마음에서 진실로 승복하겠는가? 마음먹은 것(성심. 각자의 주관)을 가지고 기준을 삼으면 누구라도 그렇지 않겠는가? 어리석은 사람도 그런 기준은 가지고 있는 것이다.

장자는 허물없는 대화 상대였던 혜자에게도 쓸데없는 시비를 따지지 말라고 한다. 혜자가 장자에게 사람에게는 정情이 있는지 없는지 물었을 때, 장자는 대화 끝에 "하늘이 선택해 그대에게 몸을 주었는데 마른 오동나무에서 기대어 졸면서, 단단하다느니, 희다느니 떠들고 있구려."(「덕충부」)라고 빈정대었다. 너는 쓸데없이 정력을 소모하면서 그러고 있는 건가(실정도 깨닫지 못하면서 말꼬리나 잡고 있는가), 라는 말이었다.

타인을 내 마음대로 조정할 수 없는 것이 고통인 경우가 많다. 나도 남에게 통제받고 끌려다니기 싫은데 내가 아닌 남을 어찌 바꿀 수 있을까? 나의 이 기준 때문에 타인(심지어는 부부 사이에, 부모와 자식 간에도)의 언행이 부족하고 못마땅해진다. 억지로 고치려 하다가 본래의 중요한 의미를 무너뜨린다. 나중에는 증오로 변하는 관계가 되는 경우도 있다. 말싸움에서 지면 두고두고 내 주장을 관철시키지 못하고 상대의 승복을 받아내지 못한 것이 괴로워 자다가도 깨서 씩씩거린다. 때로는 주먹다짐하는 것보다 분하고 아프다. 사실 그 괴로움은 참으로 쓸모없는 바보짓이다. 역시 장자의 생각이 옳다.

장자는, 성인聖人은 시비를 화합하여 하늘의 균형에 머문다고 하며 다툼을 없애라고 한다. 옳고 그름을 같이 밝혀서 보는 양행兩行이 그것이라고 하였다. 양행은 양비론兩非論보다 양시론兩是論에 가깝다. 물物이든 뜻이든 생겨난 그 자체를 치우침 없이 바라본다고 할까? 도는 경계가 있지 않았다. 옳다고 함으로써 경계가 생긴다는 것. 《경계란 것은 좌左와 우右, 윤리(윤倫)와 의리(의義), 구분(분分)과 차별(변辨. 변을 별別로 해석한다고 한다.), 겨룸(경競)과 다툼(쟁爭) 같은 것이다.》 성인은 자연에 비추어봄으로써, 이것도 저것도 다 타당하므로 어느 것에 편중하지 않는다는 말이며, 그것을 도추道樞(여닫이 문의 경첩 같은 것.)라는 말과 함께 제시하고 있다. 피彼와 시是가 짝을 얻지 못하는 것(경계를 두고 구분 짓지 않는 것.)이라고 하고 있다. 균형을 잡고(들쑥날쑥하지 않으며 안정되게) 모두 하나로 거시적으로 도의 관점에서 본다는 의미로 생각해 본다. (*도추에 대해, 이정우는 '상대와 자기가 분리되어 서로를 대對하지 않는 경우'로, '타자-되기'라는 표현을 썼다. 「도의 지도리에 서다」 참조)

못마땅한 타인으로 인한 고충도 의미는 없다. 못돼먹은 그의 행실로 정작 그는 전혀 불편하지 않는데 왜 나만 힘들어야 할까? 지저분한 그의 인성은 당연히 내게 아무런 의미나 영향도 없어야 한다. 타인으로 인한 고통을 소중한 내 마음에 끌어오지 말아야 한다. 시비분별로 내가 스스로 과녁이 될 필요는 없는 것이다. 이것이 현실적인 자존, 내 마음의 흔들림 없는 중심이다. 그것을 나는 '우선 해볼 수 있는 소극적인 도추'라고 생각해 본다. 장자가 요구하는 처신은 이기심을 없애는 것부터 실행하므로 어렵기만 하다. 어렵지만 조금만이라도 따라가 보자. '평상심平常心이 도'란 말이 있다. 평상심이 동요하면 애초에 도를 생각해 보기 어렵다. 마음을 다스리려면 타인의 언행에 분별을 일으키지 말아야 한다. 감정의 동요·앙금를 버려 '그물에 걸리지 않는 바람처럼' 잔상이 남지 않아야 내적인 성장에 도전할 수 있다.

나비인지 나인지

(「제물론」)

한때 세상살이에 치여서 현실감이 점점 사라지며 심신이 동시에 나를 갉아먹어 깊은 우울함에 잠식되었었다. 대면해야 하는 현실이 싫어서 계속 잠들어 있고 싶었고 죽음이 유일한 도피처일 것 같았던 그때는 발걸음은 마치 허공을 내딛는 것 같았으며 생각은 멍하고 몽롱하기만 했었다. 꿈을 꾸는 것 같은 이 현실, 깨어 있기 싫은 상황에 오랫동안 넋을 잃었던 적도 있었다.

아주 사소한 상처에도 마음은 심각한 충격을 겪는다. 제대한 뒤에도 군대(언행에 제약이 있는 곳이니까)에 다시 가 있는 꿈이나, 시간이 부족해 시험 답안을 미처 작성하지 못하는 꿈, 누군가에 쫓겨서 달아나려 하지만 발이 말을 듣지 않거나 하는 꿈들. 나는 이것이 마음의 압박감에 잔존하는 상흔의 형태라고 본다. 사소한 것인데도 잠재의식에 남아있는 이것이 완전하게 소멸되지 않는 한 '마음이 의지로 철벽같이 강인하다'는 말을 나는 믿지 못한다. 인간의 육체는 자연 속에서 의외로 취약하며, 정신은 고통의 순간을 잠재의식으로 오래 기억한다. 인간 생존을 위한 기본 특성이 원래 그렇다. 일단 그걸 인정한 다음, 역설적으로 분별력이 없어야(의식하지 않고) 무엇인가 책임지고 의지할 것을 찾아 그것을 목표로 몰입함으로써 오히려 강인해지는 것이다.

전설 같은 이야기가 되어버린 장자의 호접몽胡蝶夢에서, 장자는 훨훨 나는 나비가 되어 기뻐서 스스로를 나비라 생각하고 자기가 장주莊周라는 사람임을 잊었다. 나중에는 장주가 꿈속에서 나비가 된 것인지 나비의 꿈에서, 나비가 장주가 된 것인지 알 수가 없을 정도였다. 이것을 말하는 장자의 의도에 대해 나는 나름대로 생각을 해본다. 이는, 나의 경험처럼 꿈인지 아닌지 무의식 속에서 스스로 도피처를 만들고자 어두움으로 함몰되는 상황이 아닌 물아일체物我一體의 각성을 말한다고 볼 수 있다. 참선을 수행하여 각성을 체험한 사람들은 지극한 참선의 도중에 바라보는 사물로 내가 변하는 찰나가 있었다고 한다. 시비분별이 끊어지고 잡스러운 상념들이 사라져서 절대의 고요에 들어선 순간, 에고의 껍질을 벗고 경계가 없이 자연물의 하나인 것이 나라는 인식(물체와 내가 일체로 하나라는 자각)이 명확해지는 것이다. 이는 장주가 장주임을 잊고 나비가 나비임을 잊는 물아양망物我兩忘의 경지이기도 하다.

뇌가 인식하는 것이 업業이 된다. 감각·감정으로 받은 것을 영혼에 새겨두지 않는 것이 속박에서 벗어나는 방법이다. 언젠가 명상 중에, 상상 속에서 내 마음속에 흙탕물이 일고, 거기에 작은 물고기들이 생겨나 우글거리고 있었는데, 어느 순간 그 물고기들이 갑자기 작은 나비 떼로 변해 날아가는 꿈을 꾸었었다. 구정물과 물고기는 탐욕이며, 나비는 자유로워지고자 함을 상징한다고 하였다. 탐욕에 물들어도 마음 저 깊은 곳에서는 나는 자유가 절실했었는지 모르겠다.

인간으로서 도무지 알기 어려운 근본적인 몇 가지 의문이 있다. 그것은 인간은 무엇이며 어디에서 온 존재인가, 인생이 무엇이며 그 의미는 무엇인가, 죽음이 무엇이며 죽으면 어디로 가는가? 등이다. 우리의 근원과 실체의 무지無知 상태에서

'장자와 나비를 구분 짓는 것은 도를 말로 이야기 하는 것처럼 실은 의미가 없는 것이다. 곤이 붕으로 변한 것을 화化라 표현하고, 장자와 나비는 구분(유분有分)되는 것으로서 상대적인 변화에 대한 표현을 물화物化라고 밝히고 있다. 유분, 화, 물화에 대한 개념에 대해서 박원재는 깊이 있게 분석해주고 있다.(*「존재의 변화 혹은 삶의 변용」 참조.)

물고기 곤이 새인 붕이 되는 것처럼 화化는 화학결합처럼 특성이나 형태가 완전히 다르게 변하는 것을 의미한다. 반면에 장자가 나비가 되는 것은 장자가 완전히 나비로, 또는 나비가 장자로 완전히 영구 변신한 것이 아니라 장자인 채로 나비와 동화(물아일체)하는 체험이다.

「인간세」의 공자가 안회에게 말해주는 심재心齋에 대한 방법에서 이것과 연관된 의미를 짐작할 수 있다. 《너의 뜻을 하나로 모으고(용지불분用志不分. 정신을 집중하고 분산하지 않음.), 귀로 듣지 말고 마음으로 듣되, 마음으로도 듣지 말고 기氣로 들어라. 기는 사물을 비어있는 것으로 대하는 것이고 도는 비어있는 곳에 있으니 자신을 비우는 것이 심재다. (…) 비어있는 방에는 햇살이 가득 차 밝아지니 상서로움(길상吉祥. 도가 마침내 드러나는 좋은 징조라고 생각해 볼 수 있다.)은 그곳에 머문다. 그렇지 못하는 것은 마음이 날뛰는 것이니 귀와 눈을 밖으로 돌리지 않고 마음을 밖으로 하면 귀신도 머무를 것인데 하물며 사람인들 그러지 않겠는가. 이것이 사물과 물화한다는 것이다.》

기氣에 대해서는, 「칙양편」에서 소지少知가 태공조太公調에게, "천지는 형체를 가진 것 중에서 제일 큰 것이고, 음양이라는 것은 기 중에서 제일 큰 것이며, 도라는 것은 이것들을 두루 포괄하는(公) 것이다"고 말하고 있다. 기를 도의 작용으로 보았다.(*이강수. 차오추지를 인용.)

사족과 같지만 심재의 구체적 방법은 아래와 같을 것이다. '의식을 하나로 집중하고(화두話頭를 붙잡는 것과 비슷할 것이다. 시냇물 소리, 파도 소리, 독경 소리 등의 차분한 소리에 집중할 수도 있다.) 눈과 귀를 통한 외부의 감각이 내 의식에 침입하는 것을 차단한다. 그리고 널뛰는 마음(생각)을 의식적으로 (밖으로 돌려) 지워간다. 감각은 외부로부터 인입되고 마음은 내부로부터 생겨나는 것이다. 그러면 어느 순간 의식도 떠난 텅 빈(허虛) 순간에 이른다.' 감각과 의식 일체가 끊어지고 오로지 육체의 생기(氣)만 존재하는 상태가 되는 것이라고 볼 수 있다. 그러면 나라는 에고가 사라지면서 사물과 일체가 되는 체험(확연히 지극한 도에 대통하는 체득)이 일어난다고 나는 믿어본다.

우리의 현실은 영화 매트릭스에서처럼 전기적 신호로 구성되는 가상의 세계(매트릭스), 다른 차원이 거울처럼 비치는 홀로그램의 세계 또는 정말로 한바탕 꿈일 가능성도 전혀 무시할 수 없다는 생각이 든다. 내가 진짜 나일까?

온전하게 제 명대로 살려면

(「양생주養生主」)

노장을 중심으로 하는 도가道家의 사상과 도교道敎는 사실 전혀 다르지만, 양생養生이라는 것 때문에 도가가 오해를 받지 않았을까?, 짐작해 본다. 도교는 중국의 토속종교다. 종교에서 종宗은 조상을 사당에서 모시고 받드는 것으로, 종이라는 글자에는 시示라는 글자를 포함하고 있는데 이는 해와 달과 별이라는 3획의 상징을 담고 있다고 한다. (하늘을 보고 길흉을 점친다는 의미를 포함.) 즉, 종은 우러러 숭배한다는 것이며 교敎는 문화적으로 구현된 것을 의미한다.(*잔스촹, 『도교문화 15강』)

도는 원래 길이라는 표현(도로道路)이었다. 이것이 나중에 도리道理가 되고 여러 다른 의미로 전해졌다. 길(도)은 통하는 것이니 도도 만물에 관통하여 존재하는 것이다. 도가의 출발점으로 펑유란은 그 일관된 정신인 위아주의爲我主義를 들었다.(*이강수) 위아주의는 대표적으로 양주楊朱의 주장인데, '어떤 것보다 나를 먼저 위하자는 것'으로써 경물중생輕物重生의 뜻이며 생명을 최우선으로 소중히 하여 천하를 안정시키자는 생각이다. 철저하게 극단적인 이기주의라는 오해와는 사실 다르다. 펑유란은 또한 명가의 사상가들이 이름(名)의 연구를 통하여 형상을 초월한 경지(형이상자形而上者)를 찾아내었다고 한다. 이를 통해 노자(춘추말~전국초 경. 이름 이이李耳. 자는 담聃)는 유명有名에 대조하여 무명無名(도)을 말하였다는 분석이다.(*『간명한 중국철학사』)

노자에 의하면 도는 우주 만물의 모태母胎이다. 도는 영원히 변하지 않지만 끊임없이 운행하고 있는 그 무엇이다. 하지만 도는 제자백가 사상가들에 따라 다르게 해석되고 차용되고 있다. (유가와 묵자의 도는 도가의 궁극적 개념인 도와 의미가 다르다.) 도교의 도는 도가의 도와 의미가 유사하다. 실제로 전설적 통치자 황제(삼황오제의)와 노자를 교조로 하여 동한東漢 때(34~156년) 장도릉張道陵이라는 사람이 단체를 만들었다.

도교는 나름의 원칙을 가지고 구체적인 양생 방법을 만들어내었다. 도교의 추구하는 바는 연년익

수年年益壽와 우화등선羽化登仙이라고 한다.(*잔스촹, 같은 책) 즉, 가능하면 생명을 연장하고자 애쓰고, 수련을 통해 신선이 되어 날개를 단 것처럼 하늘로 올라가 영원히 사는 것이다. 800년을 살았다는 팽조는 양생술에 능숙하여 태양을 보는 호흡법 등의 수련을 했다고 한다. 현재도 도인술導引術이라는 것으로 남아있다. 도교는 우리나라에도 전파되어 신선神仙과 풍류風流의 사조로 전해졌다.(*이강수)

사람이 온갖 사회 제도와 육체적인 숱한 제약 속에서 자신을 보존하려면(삶의 의지를 실현하려면) 어찌해야 할까. 도가의 양생이란 무위자연의 도리를 따라 몸을 보존하고 생을 온전히 함으로써 수명을 다한다는 의미다. 외부의 물物(물질, 사회적 여건, 감정적인 것 등)에 가능하면 의지하지 않도록 하고, 쓸모 있어서 일찍 죽으니 오히려 쓸모없어도 좋은 것이다. 그렇게 마음을 비우고 자연에 따르면 된다.

주역에도 비슷한 글이 있는데 쉽고 단순하게 항룡유회亢龍有悔라고 나는 생각해 본다. 뭐든 지나치지 않아야 한다는 말이다. 멈추어야 할 때 멈추지 못하는 것은 때로 인생의 비극이 된다. 불경에도 그런 말이 있다. 어리석게 화살을 연이어 맞지 말라고 말이다. '재가 넘는다'는 말은 항룡유회와 비슷하다. 재가 넘는(재주가 지나치고 넘치는) 것은 복이 있는 것이 아니다. 어떤 일을 할 때 일의 본질이 무엇인지 모르고 잔머리를 굴려 수단이 지나쳐 일을 망치는 것을 뜻하기도 한다. 차라리 재주가 없느니만 못한 것이다. 화살을 한 대 맞았으면 그 한 번의 상처에서 끝내고 감내해야 한다. 이성을 잃고 또는 실수를 감추려고 엉뚱한 일을 거푸 저지르고서는 인생에서 심각한 좌절을 겪는 사람이 의외로 많다.

장자도 비슷하게, 좋은 일을 해도 명예를 탐하지 말고 잘못을 행해서 형벌로 상하지 말며 중정中正(*기세춘은 본문에서 독督을 중中의 뜻으로 보아 중정으로 해석했다.)을 따라 근본으로 삼으면 생生이 온전하고 주어진 수명을 다할 수 있다고 한다. 중정은 『주역周易』에도 나오는 말이다. 64개의 괘상은 각 2개의 기본 괘(8괘)를 상하로 놓고, 그 각 괘는 3개의 음·양의 부호를 쌓은 모양이다. 각 3개의 효

중 가운데 있는 것이 중中이다. 홀수 자리에 양효가 오고, 짝수 자리에 음효가 오면 제자리를 찾은 것(득정得正)으로써 길吉하다. 이는 중용中庸의 기본 개념이기도 하다. '치우치지 않음'을 의미한다.(*김용옥, 『도올 주역강해』 참조.) 하지만 무리하지 않는 삶의 방식이 현대라는 시대 상황 속에서 솔깃할 수만은 없다. 저지르지 않으면 큰 성취는 없기도 하니까. 그래도 크게 판을 벌이지 않으면 실패의 규모도 감당할 수 있을 터이다. 주식 투자에도 유사한 표현이 있다. 여러 개의 달걀을 한 바구니에 담지 말라고 말이다. 위험을 분산하는 것이다.

《포정庖丁이라는 백정이 문혜군文惠君(가상의 인물이라는 설.)을 위해 소를 잡는데 손, 발, 어깨, 무릎으로 소를 잡고 누르고 기대며 칼질을 하였다. 그때의 칼질 소리는 음률과 박자가 맞았다. 문혜군이 감탄하였다. 기술이 어찌 이런 경지에 이르렀는가? 포정이 답하기를, "저는 도를 추구하는데 이는 기술보다 나아간 것입니다. 처음에는 소를 잡을 때 소만 보였으나 삼 년이 지나자 소가 완전히 보이지 않았고 지금은 소를 정신으로 대하고 눈으로 보지 않습니다. 감각으로 아는 것을 멈추면 정신으로 행하여 자연의 이치에 따라 뼈와 살 사이의 커다란 틈을 통행하며 뼈를 치지도 않아 칼날을 전혀 상하지 않고(무후無厚. 마음이란 것이 없는 도道처럼 칼날의 두께가 없다는 뜻.) 소를 해체하는 경지에 이르렀습니다"라고 하였다.》 마치 생활의 달인들처럼 보지 않고 물건을 획획 던져 빈틈없이 차곡차곡 쌓거나 의식하지 않는 가운데 사물에 정확히 대응하는 경지와 유사하다. 그러나 포정은 단지 칼을 휘두르는 고도의 기술이 포정이 얻은 도의 전부는 아니라는 것. 문혜군은 "포정의 말을 듣고 양생의 이치를 터득했다"고 하였다.

신神은 정신, (대상과 분리되지 않고) 소통하는 마음이다.(*강신주) 사물을 이루는 분자 구조 자체는 비어있는 공간이 대부분이다. (원자핵이 야구장의 중앙에 있는 동전 하나 크기라면, 주변을 도는 전자는 경기장 외곽의 경계쯤 된다고 한다.) 포정도 '커다란 공간에서 칼을 움직이므로 칼날이 십구 년간 수천 마리의 소를 잡았어도 새것과 같다'고 한다. 포정의 말은 마치 미시적 세계의 공간이라는 것에 비추어 형체의 틈을 이해하는 것 같다.

여기에서 나는 '일부러 의식하지 않는 지경'을 의미심장하게 생각해 본다. 구도의 수행에서 매우 중요한 실행 수단이기 때문이다. 일 자체에 온전히 몰입하는 순간이 오면 나를 잊고 주변을 완전히 잊게 된다. 성과를 생각하지 말고 순수하게 일 자체에 즐거움을 가지고 매달리면 행복한 결말을 이루는 경우가 분명히 있다. 그러니 더 나아가 의식하지 않고 자연自然과 일치하면 외부 사물과 전혀 마찰 없이 소요 자재自在할 수 있으리라.

「천도」편에 노자의 말을 인용한 "마음을 비워 편안하고 담담하고(허정염담虛靜恬淡) 고요히 무위하니(적막무위寂寞無爲) 천지의 기준이다"는 것이 그러한 표현인 것 같다. 노자는 당시 사회변혁을 이루자는 유위에 대해 무위를 말하였다.(*판수즈, 『중국사 16마당』) 「달생」편에서 귀신같은 솜씨로 나무를 깎아 악기 거치대를 만드는 재경梓慶(관직 이름)이야기도 마음을 비워, 예단하거나 의도를 가지지 않되 정신으로 사물을 대하는 모습이다.

왜 양생인가? 당대의 중국 상황은 사람이 목숨이 너무 하찮아서 순전히 운으로 생사와 삶의 형태가 결정되니(우연하게 재앙을 당하거나 형벌을 받고 면하는 것이 결정되고 있으니 모든 게 예측불허인지라 한 치 앞의 미래를 기약할 수가 없던 상황이라고 볼 수 있다.) 되도록 위태로움을 피하는 방식의 삶(백성들의 허무한 죽음에 대한 연민과 안타까움이라고 생각해 본다.), 때로는 은둔에 가까운 거주, 무리해서 행하거나 나서지 않는 태도, 정치에서도 가능한 나서지 않는 처세 등 차라리 '쓸모가 적어지는 것을 추구함'을 바람직하게 말하는 것을 『장자』에서 느낀다.

그렇다면 왜 나를 보존해야 하는가? '사람들이 각각 자기의 생명을 소중히 가꾸고 부질없이 다른 사람들에게 간섭하려 들지 않으면 천하는 저절로 안정될 것'이라는 말에서 그 뜻에 가장 가깝다고 생각되는 의미를 나는 유추해 보고 있다. (*『열자』, 「양주」편에서 인용된, 생명을 그 어떤 것보다 소중하게 생각한다는 경물중생에 대하여. 이강수) 무엇보다 모두가 자신의 생명부터 아끼는 것을 시작으로 점차 확장해서 타인·다른 생명체의 생존도 존중해주는 마음을 가진다면, 그 사회에서 내 삶은 안전해지고 세상도 평온해질 것을 희망할 수 있게 될 것이라고 생각해 본다.

조롱 속에 갇혀 지내기보다는

(「양생주」)

《공문헌(인명 또는 은유적 인물 등의 설이 있음.)이 우사右師(관직)를 만나 물었다. 그가 올자兀者(발꿈치를 잘리는 형벌로 병신이 된 사람. 당시는 사소한 죄로도 뒤꿈치를 자르는 형벌이 성행했나 보다. 『장자』에 올자가 많이 나온다.)가 된 것을 보고 놀라 "천성(불구로 타고난 것)입니까, 인위(살다가 그런 일을 당한 것. 사람이 한 짓)입니까?"》 타고난 것이 아님을 알면서도, 어쩌다 그리되었나? 안타까워하며 묻는 것.

우사가 답하길, "사람의 모습은 하늘이 낳을 때는 개별적이지만, 무리를 짓습니다. 이는 천성일 뿐입니다. 꿩은 비와 이슬을 맞으며 열 걸음마다 쪼고 백 걸음마다 한 모금 마실지라도 조롱 속에 갇히는 것을 원치 않습니다." 관직에서 어떤 잘못으로 형벌을 받았으나 이제는 그것을 탓하고 싶지 않다는 초연함이 깃든 말이다. 우사의 말뜻은 마치 이런 것 같다. '누굴 탓하겠습니까? (천성처럼 타고난) 내 운명이 그런 것을', 이라고. 꿩을 비유로 들어 말하는 우사의 뜻에는 자기가 속한 곳에서의 처벌 같은 느낌이 든다. 그것은 비굴함을 감수하거나 양심을 어기는 것을 거부한 탓일 수 있다. 그는 고통을 벗어나 자유로워진 것 같다. 내가 당한 불행을 어떻게 받아들일 것인가? 우사는 자기가 당한 일이 '하늘이 정한 것'이라고 담담히 말한다. 우사가 말하는 '사람은 개별적인데 무리를 짓는 것이 천성'이라고 하는 것에서 무리에 속하지(따르지) 못함으로써 벌어진 일인지 모르겠다. 그곳에서 우사는 마음의 감옥을 느꼈을 것이다. 힘들게 살아갈지언정 자유를 속박당하긴 싫었던 건 아닐까.

자유와 밥벌이는 양자택일과 같은 생각이 드는 때가 많다. 조직체에서의 많은 삶이 그렇다. 개인의 자존을 지키는 것은 때로 편안한 밥벌이와 상충되는 때가 많은 것 같다. 생업을 위해 속한 곳에서 마음고생이 시작되면 언젠가는 대부분 떠나는 것을 결국 선택할 수밖에 없다. 밥을 이렇게 비참하게 구걸해야 하는가, 하는 자괴감은 오래 버텨내기 어렵게 만든다. 가까운 이들은 '끝까지 버티라'고 충고를 하지만 당사자가 겪는 고통은 매 순간이 지옥인 것을.

운명론에서 말하는 재운財運(돈을 모아 살아가는 일의 바탕.)의 개념도 포기하지 않는다는 의미를 담고 있다. 돈이란 나의 투쟁을 담보로 얻어지는 것이며 반대급부로 쟁취를 포기함으로써 돈을 얻기가 쉽지 않아진다. 반대급부란 무엇인가(건강, 가정의 화목, 시간적 여유, 양심 등)를 내놓아야 하는 것이라 생각해 본다.

의지하고 길들여져서 편안함을 먼저 따르면 새장 속에 갇히고도 불편함이 없다. 이제는 벗어남이 오히려 두려워지고 새장 밖의 삶이 고통스러워진다. 어떤 이는 직책에서 밀려나 그 상실감을 견디지 못하고 인적 없는 공사 현장에서 투신을 해버렸다. 인품으로나 경력으로나 그런 선택을 할 수 없을 사람으로 생각했건만. 엉뚱한 사람이 승승장구하며 밀려난 나와 비교된다는 것은 웬만해선 초연하기가 쉽지 않다. 조직을 떠남으로써 평화를 찾은 사람은 실은 매우 드물다. 잠재의식의 패배감이나 상처는 두고두고 당사자를 괴롭힌다.

이 이야기에서 장자가 말하는 양생(생을 보존)한다는 뜻은 '우사가 마음을 비웠기에(허심虛心) 더 위태로움에 빠지지 않았음'으로 추측해본다. 안회처럼 "작은 밭뙈기라도 있어 배부르지는 않아도, 구태여 벼슬 안 해도, 나 하나 먹고 사는 데는 충분하다"(「양왕」)는 배짱으로 살 수 있어야 하고, 우사처럼 초연하게 "그렇게 상황이 된 것일 뿐, 나는 세상과 남을 탓하지 않습니다. 새장 밖으로 나와 나는 비록 먹고 살기는 풍성하지 않지만 그래도 좋습니다."라고 해야 하는데. 선택은 당사자의 몫이다. 피할 수 없었던 상황이었으니 고통은 거기에서 그만한 크기 내에서 우사처럼 끝내야 한다.

먼저 자기부터 보존하고 나서

(「인간세人間世」)

「인간세」의, 중니仲尼(공자)가 제자 안회顔回(안연顔淵)에게 하는 말에 매우 구체적이고 현실적인 처신에 대한 교훈이 있다. 이런 사례는 『장자』가 도와 덕에 대한 형이상학적인 논의만이 아님을 보여준다.

안회가 국정이 어지러운 위衛나라로 가서 국정을 바로 잡도록 하겠다고 하는 말로 「인간세」는 시작한다.

《안회가 듣기에는 위나라 군주가 젊고 독단적이어서 나라 운영이 경박하고 백성들의 목숨을 가볍게 여겨 온 나라에 죽은 이가 넘쳐나니 국토가 황폐해졌는지라 백성들이 의지할 곳이 없다고 알려졌다. 안회가 말하기를, "선생님께서 잘 다스려지는 나라엔 구태여 갈 필요가 없으니 어지러운 나라로 가라고 하셨고 의원의 집에는 병자가 많은 법이라 하셨습니다. 선생님께 배운 대로 실천하여 그 나라의 병폐를 고치고자 합니다"라고 하였다. 중니는 "너는 가면 형벌을 당하겠구나"라고 말한다. 중니는 "도(뜻이나 생각이라 해도 될듯하다.)는 난잡한 것을 바라지 않는 법이니 먼저 자기부터 보존(도를 온전히)한 연후에 남을 바로 잡으라"며, "자기의 의지(도)도 미정未定인데 어떻게 폭인暴人의 소행에 너의 뜻이 닿겠는가?"라고 하였다.》 (만약 대책 없이 가는 거라면) 마치 죽으려 작정했구나, 라는 은근한 힐책의 느낌이 난다.

《중니는 말한다. "생각이 많고 어지러우면 마음이 흔들리고 그러면 근심이 생긴다. 덕은 명예욕에 흐려지고, 지식은 다툼(아는 것에 대한 시비)을 부른다. 명예는 서로 다투는 것이고 지식은 다툼을 이기려는 도구이니 이 둘은 흉기와 같다. 비록 너의 덕이 두텁더라도 사람의 마음을 아직 잘 모르니 인의를 말해주어도 폭인은 '자신(폭군)의 악함을 핑계로 너(안회)를 미화하는 꼴이라 여길 것'이니 재앙을 불러오리라."》

공자의 뜻은 정의를 외면하라는 것은 아닐 것이다. 공자가 보기에 안회는 의욕을 먼저 앞세웠고 위태로움이 뻔한 상황인데 (안회가) 어떤 대비를 하고 가는 것일까? 의문을 갖는 것 같다. 여기에서 말의 당사자 공자와 (공자로 대신하는) 장자의 뜻은 인간 세속의 이치(인간들의 행태·속성이라고 해야 할지)는 순수함만으로는 통하지 않더라는 것을 말하고자 하는 것 같다. "위군衛君이 정말로 어진 사람을 좋아하고 어리석은 자를 미워했다면 뭐 하러 너를 원하겠는가?"라고 한다. 청하지도 않은 너를 반길 상황이 아닐 것이라는 의미다. 충정으로 국가와 국민을 위해 바른 조언을 한들 폭군이 좋게 받아줄까, 공자는 의심하고 있다.

"차라리 아무 말도 하지 말라. 네가 말하면(네가 덕이 있고 성실하지만 사람의 심사를 잘 모르는데, 마음에 없는 소리를 할라치면 네 얼굴에 마지못해 불편함이 드러날 것이니) 그는 너를 이기려 할 것이고, 한 번 (뜻을 받아주고) 순응하면 끝이 없을 것이다." '너는 흡사 불을 불로 끄는 것처럼 악을 부추길지 모르니 마치 불난 데 부채질하는 꼴이지'라는 것처럼 여겨진다.

《만약 자신을 수양한 신하가 폭군을 대신하여

백성을 아껴 보살피는 경우도, 폭인이 보기에는 '자기를 거스른 것'처럼(아랫사람이 민심을 얻을까 봐. '그럼 내가 잘못했단 말이냐'는 식으로 생각할 것이므로.) 보일 것이므로 반드시 아랫사람에게 해를 끼칠 것이다.》 그런 충직한 부하를 인정할 정도라면 애초에 폭정을 일으킬 사람도 아닐 것이다. 폭군을 맹목적으로 추종하는 자들도 그의 속마음만큼은 드러내지 않는다. 사람이 아니라 사람이 가진 힘을 추종하는 것이므로 겉과 속이 다를 경우가 대부분이다. 그래서 권력자는 부하의 충성을 의심하는 병에 시달린다.

공자는, "그런데도 가겠다는 건 아마 방도가 있겠지?" 그것을 말해보라고 한다. 안회는 "몸가짐을 단정하게 하고 마음을 겸허히 노력하면 되겠지요"라고 답하고 "그걸로 되겠는가?"라며 공자는 반문한다. 안회는, "제 마음은 바르게 하고 밖으로는 (속세의) 처세에 맞추어 예를 갖추며 의견은 옛 가르침을 따라 간하겠습니다. 안으로 바르게 하는 것은 어린아이처럼 꾸밈이 없이 하늘의 뜻에 맡기고 좋고 나쁜 평을 기대하지(의식하지) 않겠다는 것이고, 밖으로 굽히는 것은 세상 사람들 하는 대로 신하로서 군주 앞에 무릎을 굽히는 처신을 하면 비난받지 않을 것임을 말하는 것이고, 옛 가르침을 비유해 간하면 제가 한 말이 아니므로 말썽이 없을(트집잡지 못할) 것입니다"라고 한다. 공자는 "그래도 아직은 아닌 것 같다"며 실행하려는 것이 너무 많으나 그 정도라면 (단지) 죄를 받을 정도는 아니겠지만 여전히 네 마음으로 스승을 삼고 있구나(네 마음의 기준으로만 생각하고 있구나), 라고 말한다.

공자는 더 나아가려면 마음의 재계(심재心齋)를 하라고 안회에게 권한다. 안회는 "제가 가난하므로 술과 매운 채소를 안 먹은 지가 수개월째입니다" 하자, 공자는 "그건 제사 지낼 때의 재계이니라" 하고 "너의 뜻을 하나로 모으고, 귀로 듣지 말고 마음으로 듣되, 마음으로도 듣지 말고 기로 들어라. 기는 사물을 비어있는 것으로 대하는 것이고 도는 비어있는 곳에 있으니 자신을 비우는 것이 심재다."라고 말하고 있다. 공자의 결론은 이렇다. "세속의 울타리 안에 노닐어도 명성을 생각지 말고 위나라 왕이 받아들이면 화답해 주고 받아들이지 않으면 그쳐야 한다(우겨서 화를 키우지 말라)"

고 당부한다. 장자가 공자의 입을 빌어 드러내는 뜻은, 장자가 현실적인 상황을 모르는 사람이 아님을 짐작하게 한다.

「지락」편에 안연에 대한 공자의 걱정을 알 수 있는 이야기가 더 있다. 안연이 동쪽 제齊나라에 가려고 할 때 공자에게 걱정하는 기색이 있어 자공子貢이 물었다. "제가 감히 여쭙니다. 선생님께서 근심하는 기색이 있습니다." 공자가 말했다. "예전에 제齊나라의 재상 관자管子(관중管仲)가 했던 말을 내가 좋아하는데 그 말은 '주머니가 작으면 큰 것을 담을 수 없고, 두레박줄이 짧으면 깊은 물을 퍼 올릴 수 없다'는 말이다." "운명은 피치 못하게 결정된 바가 있고, 물건의 형태는 각기 거기에 맞는 것이 있다고 하는 뜻이다. (두레박 줄처럼) 억지로 덜어내기도 보탤 수도(짧게 자르거나 너무 길게 늘이면 물 높이에 잘 맞지 않으니) 없는 것이다." 이는 속 좁고 인품·역량이 부족한(따라서 바꿀 수도 없는) 제나라의 군주를 비유하는 말인 것 같다.

"걱정하는 것은, 안회가 제나라 군주에게 요순임금과 황제의 도를 이야기하고 게다가 수인씨燧人氏

(불을 쓰는 법을 가르침)와 신농씨神農氏(농사를 가르침)를 더 보태면 제나라 군주가 자기에게서 스스로 도를 찾아보려다가 얻지 못할 것이 뻔하고(그릇도 안 되는 사람이니), 얻지 못하면 의혹이 생겨서 결국 안회가 죽게 될(화풀이를 할 테니) 것이라는 점이다." 안회처럼 스승에게 의지하고, 아끼고 사랑하는 제자에게 따뜻하고 세심한 조언을 할 수 있는 공자의 사제 관계가 새삼스럽다.

공자는 아끼는 제자가 의욕만을 앞세워 위태로움에 처할까 봐, 안회에게 '마음 수양(재齋)'을 먼저 권하고 있다. 이런 공자도 초나라에 가다가 광인狂人(미친 척하는 모습 같다.) 접여接輿(「소요유」에도 나오는 이름)로부터 "덕德이 쇠락한 세상에서, 오는 세상 기다리지 말고, 가는 세상 좇지 말라. 도가 없는 세상에서는 성인도 그저 살아갈 뿐이지, 지금 같은 시절에는 형벌을 면하기 어려우니 덕으로 교화하는 것을 그만두게"라는 말을 듣는다.

한 인간의 인생에서, 자기를 정확히 안다는 것은 살아가는 데 매우 중요한 요건이다. 그래야 위험을 줄일 수 있다. 자기를 자만·오판하고 책임 없는 자의 솔깃한 꼬임에 빠져 자기를 망치는 경우를 허다하게 본다. 어려운 상황에서 어떻게 나를 보존하면서, 자존을 해치지 않고 바람직하게 처신할 수 있는가?는 분명 고민해야 할 일이며, 나부터 마음을 다스려야 하는 것으로 시작할 수밖에 없다. 현명한 대처로(이런 실행은 극히 어려워 하나마나 한 소리같지만) 위태롭지 않게 나를 보존하고 내가 책임질 사람들에게 성심誠心을 다하는 것도 못지 않게 중요하다고 생각한다. 그러나 나만 살아보겠다고 비굴하지는 말라는 말은 덧붙이고 싶다. 사람으로 못 할 짓을 하고 나서 비루하게 살아남은 것은 때로 죽음만도 못할 경우도 있다. 우리가 사람이며, 그 사람다움은 본능에만 충실한 동물과 다르다는 것을 믿어야 한다.

조심하고 주의해야 할 명과 의

(「인간세」)

장자는 세상살이에서 위태롭지 않아야 할 것을 공자를 빌어 뜻을 밝히고 있다. 제나라에 특사特使로 가야 하는 초나라의 섭공葉公(섭지역을 봉토로 받은 이) 자고子高가 막중한 일의 걱정으로 열불(심화心火로 음양의 조화가 깨지는 병이 생김.)이 올라 찬물을 마셔야 할 정도인지라 공자에게 조언을 듣고자 찾아온다. 성공하지 못하면 벌이 두렵고 성공해도 몸이 병을 얻을까 걱정한다. (성공하기가 매우 어려울 것 같고, 수고 끝에 성공한들 그간의 마음 고생한 걸로 실속 없이 몸만 상할까 내키지 않아 보인다.)

"아침에 명을 받고 저녁에 찬물을 마셨으니 이미 일을 하기도 전에 마음에 우환이 생긴 것입니다. 제나라는 사자인 나를 공경은 해주되 급할 것 없으므로, 제후를 움직이기가 어려울 것인데 일을 성사시키지 못하면 벌을 받는 것은 뻔하고 신하된 자로서 이 일을 맡기엔 부족하니 어쩌면 좋겠습니까?" 공자는 항상 조심하고 주의할 두 가지로 천명命과 의리義를 말한다. 여기에서 말하는 조심하고 주의하라는 의미는 경계하고 언행을 삼가라는 것만은 아니다. 이는 계속 정신을 차려 심사숙고해 봐야 할 주제라는 뜻이다. 천명이라는 것은 부모에 대한 효이며, 의리란 군주에 대한 충성이라는 것으로, 효는 하늘에서 부여받은 것이며, 천하 어디를 가든 군주의 치세를 피할 수는 없기에 기왕이면 운명처럼 지극하고 편안히 하라는 뜻이다.

사신으로 가야 하는 자고에게는 "진실하게 전하고 지나치지(명령받은 바를 바꿔서 거짓으로 일을 성사시키지) 말라"고 조언해 준다. 특사로서 협상을 해야 하는데 양측 군주의 입장을 조율해야 하는바, 지나치게 칭찬하거나 과장해서 상대가 화가 날 말을 함으로써 신의를 잃지 말라고 한다. "지나치면 망령되기 마련이고 신의를 잃어 재앙을 당하게 됩니다." 또 "기교奇巧로 힘을 겨루면 처음에는 밝게 시작하다가 마침내는 어둡게 끝나버리고, 예를 갖추어 술을 마시다가도 나중에는 어지러워지는 것으로 끝납니다. 일이란 그와 같아 처음에는 좋게 시작했으나 끝내 비루해지고, 시작할 때 간단했던 일이 마칠 때는 중대한 일이 되어버립니다."

이러한 말들에서 장자가 이상주의자이며 현실적이지 못한 경지를 설한다는 생각은 달라지게 된다. 그도 현실을 잘 알고 있다.

세속에 빠진 현대의 범부凡夫의 입장에서도, 천명과 의리인 효와 충성은 만만치 않은 책무다. 현대의 효는 장수長壽와 질병이라는 변수 때문에 경제력을 배제하지 못하고, 조직에서는 두드러지면 시기를 받고, 끝없이 리더의 마음에 들어야 하는 고충이 너무나 스트레스다. 먼 옛날의 일이 아니다. 현대에도 한 가정과 크고 작은 조직에서 꼭 같은 형태로 벌어지는 일상이다. 효와 충성에서 말을 조심해야 하는 것은 일면 타당해 보인다.「천지」편에서는 다음과 같은 말이 있다. 《효자는 어버이에게 시비를 가리지 않고 충신은 임금에게 아첨하지 않는다. 이것이 자식된 자와 신하된 자로서 가장 훌륭한 태도이다. (그러나 세상 사람들은) 어버이를 무조건 따르면(어버이가 말하고 행하는 모든 것을 좋다고만 하면) 불초한 자식이라 하고, 임금에게 아첨하면(임금이 말하고 행하는 모든 것을 좋다고만 하면) 부족한 신하라 한다.》 그렇지만 세상 여론이 뭐라고 하든 어버이는 존엄하고 군주는 존귀하기에 (세속의 눈치를 살펴) 철저하게 어버이께 따지고 군주에게 대들 수만은 없다고 한다.

일단 피할 수 없으므로 일은 수명受命 받아 해내야만 한다. 일의 중요성을 생각하면, 부하가 할 수 없는 일을 시키는 상사는 바보다. 상사는 나름대로 대안도 준비해야 한다. 그래서 리더인 것. 지시받은 자가 할 수 있다고 판단해 일을 시켰을 것이다. 그래서 상사의 기대와 책무의 중요성을 생각하면 당사자는 긴장해서 애가 타니 찬물을 들이킨다. 그럴 때 공자의 말이 유용해진다. '피할 수 없다면 어떻게 내가 다치지 않고 현명하게 처신할 것인가'는 섭공 자고와 같은 처지에서 매우 듣고 싶은 조언이다.

순간을 모면하고자 거짓으로 일을 할 순 없다. 성냄, 지나친 말, 기교 등으로 시작한 처음은 좋으나 끝은 반드시 어지러워진다고 한다. 공자도 그것이 쉬운 일은 아니라고 하고 있다. 가능하면 진실하게 상대의 마음을 얻어보려 노력하고, 사회·조직의 법규·규칙을 위반하지 않아야 하며, 상대를 자극하여 일을 더 꼬이게 하지 말고 최선을 다하되 차라리 편안하게 하는 것이 바람직해 보인다. 진인사대천명盡人事待天命이다. 그럼에도 일이 성사되지 않으면 그 결과는 당사자와 조직이 감수할 수밖에 없는 것이다.

《노나라 안합顔闔이 위나라 영공靈公의 태자 사부로 가고자 할 때 위나라 대부인 거백옥遽伯玉에게 자문을 구했다. "타고나길 잔인하여 사람 죽이기를 예사로 여기는 사람이 있어, 그를 따라 법도에 맞추려니 위태로울 것 같다"》는 말(태자의 인간성에 문제가 많다고 들었던 것. 역시 나중에 폭정을 저질렀다고 한다. 어긋난 인성은 참으로 바뀌기 어렵다.)에 거백옥이 답하는 자문에 장자의 뜻이 있는 듯하다.

"처신은 그를 따르는 것처럼 하고 마음은 화합해야 하지만, 따르되 빠져들지 말고 화합하되 (그를 고치려는) 속마음을 드러내지 말라"고 한다. 덧붙여 그가 아이처럼 행동하면 그대도 아이처럼 하고 그가 벗어나는 처신을 하면 같이하고, 멋대로 굴면 똑같이 하라고 한다. "그러면 적어도 위태롭지는 않겠지요." 만약 "그를 따르다 빠져들면 내가 무너지고 말 것이고, 속마음을 들키면 재앙을 불러올 것"이라고 한다. 이는 마치 사마귀가 화를 내어 팔을 벌려 마차를 막으려 하는 것처럼(당랑거철螳螂拒轍) 당해내지 못하면서 나를 드러내면 위태롭다는 것이다. 그러므로 '호랑이를 키우는 사람이 먹이를 산 채로 주면 호랑이의 분기를 일으키게 되므로 배고픔과 배부름에 적절히 맞추어 길들이면서 분기를 발산시켜 오히려 호랑이를 키우는 사람을 잘 따르도록 하는 것'처럼 하라는 것. 그리고 "경계하고 신중하시오"라고 한다.

공자를 인용한, 실제로는 속세를 잘 이해하고 있는 장자도 천명을 작위적이지 않고 중심을 잡아 순리로 이루는 것은 역시 어렵다고 생각하는 것 같다. 그러니 할 수 있는 것으로써, 처신에 항상 유념하고 주의할밖에. 수시로 초심으로 돌아가 자신을 점검해야 한다.

어찌 나쁜 쪽으로만 빗대는가

(「인간세」)

《목공 장인匠人인 석石이 제자와 제齊나라로 가다가 곡원曲轅이란 곳에 이르러 제사(社) 지내는 곳의 큰 상수리나무를 보았다. 그 크기가 수천 마리 소가 그 그늘에 들어갈 만하고 둘레가 백 아름이나 되었다. 높이는 산을 내려다볼 정도고 땅에서 열 길 높이에 있는 가지들로도 배를 십여 척은 만들 수 있을 것 같았다. 많은 사람들이 구경하고 있는데 석은 돌아보지도 않고 그냥 지나쳐갔다. 제자는 석에게 "이렇게 좋은 재목을 저는 본 적이 없는데 선생님은 왜 거들떠보지도 않습니까?"라고 묻는다.

석은, 이 나무가 별 쓸모가 없어서(산목散木) 배로 만들기도(침몰할 것이고), 관으로도(곧 썩을 것이며), 그릇으로도(금방 부서지고), 창문이나 기둥으로도(수액이 흘러나오거나 좀이 슬 것) 쓸 만한 데가 없다고 한다. "쓸모없으니 저리 오래 살아남았지 않겠느냐", 라고 하였다. 꿈에 상수리나무(이 나무가 토지

신에게 제사를 지내는 나무였다.)가 나타나, "너는 어찌 나를 나쁘게만(구태여 유용한 나무에 비교해 가며. 난들 쓸모가 없겠느냐?) 빗대느냐? 앵두나무, 배나무, 귤나무, 유자나무 등은 열매가 익으면 열매를 빼앗기고 큰 가지는 잘리고, 작은 가지는 열매를 따려 휘어 잡아챈다. 그처럼 쓸모가 되는 나무는 살아 있는 동안 고통을 불러오고 요절하게 된다. 사물은 그와 같지 않은 것이 없으므로 나는 쓸모없기를 추구하였다"고 말하며 (…) "너나 나나 사물로서 언젠간 죽는데 그러한 쓸모없는 사람(산인散人)인 네가 쓸모없는 나무(산목散木)를 어찌 안다고 하는가?"라고 하였다.》 나름으로는 제사 지내는 나무로도 용도가 있다는 것이었다.

더 유용한 것에만 사물의 가치를 비교하자면 모든 것이 쓸모가 없게 된다. 이렇게 쓸모없기를 바라는 것은 무엇인가, 장자는 무엇을 말하고자 하는가, 생각해 본다. 세상은 자기를 알아달라고 야단법석인데.

《상서롭지 못하다고 이마에 흰점이 있는 소와 들창코인 돼지는 하신河神(황하의 신)에게 제물로 바

처지지 않는다고 한다. 몸의 기형이 심한 불구자 소疏는 (지리소支離疏라고 표현되어 있음. 갈피를 잡을 수 없다는 뜻의 지리멸렬支離滅裂이라는 말처럼 불구가 심함을 의미. 턱이 배꼽에 붙고 어깨가 머리보다 높고 등은 하늘로 솟고 허벅지가 갈비뼈에 닿았다. 가상의 인물로 봄.) 다행히 바느질과 빨래로 제 밥벌이를 하여 열 명의 가족이 먹고살 만했다. 군역軍役과 역사役事에는 면제되었다. 그는 군에 잡혀갈 걱정 없이 돌아다녔으며 일도 면제받았다. 오히려 나라에서 병자에게 주는 곡식과 땔감을 받았다.》 새옹지마塞翁之馬와 비슷한 얘기다. 《장자는, "몸이 병신이어도 이렇게 몸을 보양하고 천수를 누리는 것인데, 하물며 덕(쓸모)이 병신이면 어떤가?"라고 한다.》 이 말은 덕(정상인 육신, 쓸모)이 없어도 몸을 보존하기에는 한 편 괜찮은 것 아닌가, 라는 뜻인 듯하다.

《남백南伯자기子綦가 유람할 때 큰 나무를 보았는데 유별났다. 그 그늘에 말 네 마리가 끄는 수레 천 대가 가려질 듯 보였다. 자세히 살펴보니 나무의 가지는 구부러져서 대들보가 되기 어려웠고 뿌리 바로 위쪽 줄기는 갈라져 있었다. 이파리는 입에 대보니 입술이 부르트고 그 냄새로 사흘 동안 어지러웠다. 자기가 말하기를, "이 나무는 재목이 못 되어 이렇게 컸구나. 옛 신인神人들도 이렇게 재목감이 안 되도록 하면서 그리 오래 살았겠구나", 라고 하였다.》 삐끗하면 어떻게 화禍를 당할지 모르는 판국인데 애써 무리하게 욕심부리지 말라는 뜻이다.

무수한 전란 통에 사람이 파리목숨처럼 스러지는 당시의 중국中國 상황에서는 처세가 마땅히 그래야 했을 것이다. 미처 뜻을 펴보지도 못하고, 뜻은커녕 목숨 붙이고 근근이 살아남기도 너무나 힘든 시기였을 것이다. 태어나자마자 고통을 받다 오래 살지도 못하고 죽는 것이 명命을 받아온 인생의 목적일 순 없으니 죽고자 이 세상에 온 것은 아니었을 터. 일단은 살아남아야 하는 것이 우선일 것이다. 한때 유행어로 '살아남은 자가 승리한 자'라는 말도 있다.

현대의 상황에서도 이 처신은 유효하다. 부정적인 성향은 결말이 안 좋게 드러나는 것을 많이 보았다. 부정적이든 긍정적이든 기운의 성향은 '가랑비에 옷이 젖듯' 주변에 영향을 끼친다. 운명에서

고난의 전환이라는 것은 인간의 노력으로는 한계가 있음도 사실이다. 그러나 어차피 살아가야 하는 인생이라면(그것이 천명이라면), 긍정적으로 수용해 보는 것이 그나마 기회가 생길 확률이 높은 것은 분명하다. 선사들의 말처럼 그냥 살아있는 '매일이 감사하고 좋을 뿐'(일일시호일 日日是好日)이라고 받아들여야 할 것 같다. 운명을 숙고해보는 사람 입장에서는 지금의 고난을 비관적으로만 보지 말자고 조언한다. 운명은 사이클이며, 우주의 도는 순환하는 것이다. 일희일비—喜—悲할 것 없이 인내하며 내게 좋은 시기를 기다리는 것이 옳다고 생각해 본다.

덕은 안으로 보전하고 밖으로 흔들리지 않는다

(「덕충부德充符」)

학교에서 도덕道德이라는 과목을 배운 시기가 있었다. 도와 덕이라는 말은 그렇게 우리에게 친숙한 말이다. 학교에서 가르치고자 한 도덕은 국민적 소양(철학적 수준이 아닌)이 아니라 사회적 규범에 가까울 것이다. 공동사회에서 지켜야 할 도리, 선한 행동(덕행, 사회에 순응하는 것)에 더 가깝다.

도는 도사道士, 도통道通이라는 등의 일상에서 제법 흔한 말이고, '도가 지나치다'는 우리 말도 있다. 도가 사상, 도교 등 중국 유래 사상의 흔적일지 모르지만, 그 의미는 깊은 것 같다. 지켜야 할 언행의 상식적인 선을 넘어버렸다는 말에 가깝겠지만, 심오하게 추구해야 할 우주 원리로서의 '도를 알 수 있는 기회를 팽개쳤다'는 말이 되기도 한다. 도는 「대종사」에서 논의(이 말도 모순이다. 노자는 도가 설명되면 도가 아니라고 했는데.)되므로 그렇다면, 덕은 무엇인가? 생각해 본다.

「천지天地」편에 덕에 대한 말이 있다. '천지에 통하는 것은 덕이요, 만물에 유행하는 것은 도이다.' 천지 만물에는 도가 없는 곳이 없으며 덕은 개체에 내재해 있는 도라는 것이다. 도가 나무의 뿌리라면 덕은 가지와 같다. 도가道家에서 덕德이라는 것은 도가 천지만물에게 발현된 것이라 덕을 회복하면 도와 통할 수 있다.(*이강수)

발꿈치가 잘린 불구자인 노魯나라의 왕태王駘(가상의 인물일 것이라고 함.)를 따르는 제자의 수가 공자 못지않았다고 한다. 그는 '서 있을 때도 가르치지 않고 앉아서도 토론하지 않았다.' 말 없는 가르침에도 따르는 이가 많았다. 공자는 제자인 상계常季에게 말하길, "한번 뵙고 스승으로 삼고자 하였는데 아직 그러지 못했다. 그는(불구를 넘어서) 생사生死 때문에도 흔들리지 않고 하늘이 무너지고 땅이 꺼져도 자신을 잃지 않으니 성인이라"고 하였다. 상계가 "그가 남다른 것이 무엇인지요?" 묻자, 공자는 "다리를 잃었어도 흙 한 덩이 던져(또는 몸에 묻은 흙을 털어)버리는 것처럼 생각하고 사물 때문에 변하지 않으며, 오직 천명인 자연에 따라 변화하며 근본을 지킨다"고 칭송한다. 즉, 그는 덕이 조화로워 만물을 일체로 보고(만물은 하나라) 득실을 따지지 않는다고 하였다. 장자는 덕을 '인간이 근본을 지키는 것'이라 한다. 인간의 근본이 무엇인가? 그것은 철학적 사유의 경지가 아니라도 현실에서 기본적으로 인간적 품격과 인간성을 벗어나는 것이 아닌 것부터 시작하는 것이라 할 수 있겠다.

《정鄭나라 자산子産(정나라의 대부)과 신도가申徒嘉(가상 인물)는 스승인 백혼무인佰昏无人(가상 인물) 문하에서 동문수학하였다. 자산은 죄를 지어 발꿈치를 잘린 신도가申徒嘉를 비난했다. 자산은 신도가와 동행하기도 싫어하고 집정관인 자기를 보고 비켜서지도 않는 것을 지적하며 과오로 덕을 잃은 신도가를 힐난했다. 신도가는 말한다. "자네는 집정이란 지위로 나를 업신여기는가. 때가 묻으면 밝게 비치지 못하는 법이라네. 자네가 스승님께 큰 가르침을 배우는데 그런 말은 잘못 아닌가. (잘못을 저지르고서도) 운 좋게 형벌을 피한 사람도 있거니와 나는 형벌을 감수하여 스스로 잘못에 대해 변명하지도 않고 이를 운명이라 여기고 있음은 나름의 덕이 아닌가. 우리는 스승님께 십구 년을 배워, 나는 병신이 된 것을 사람들이 비난할 때 화가 나도 평정을 유지할 수 있었고, 스승께선 한 번도 일부러 의식하지 않으셨는데, 그대는 우리가 육체의 내면에서 교유해 왔음에도 불구하고 나를 육체의 외면에서 찾는구나"라고 한다. 이에 자산은 겸연쩍어 마음 쓰지 말라며 사과한다.》

나를 그대로 보아주는 사람이 의외로 드물다. 자본주의가 만연한 현대의 우리는 인간의 내면을 중요시하지 않고 그가 가진 권력과 재물, 치장(사는 곳, 명품, 고가의 차 등)을 먼저 본다. 우리나라는 근·현대(물론 그 이전에도 백성의 삶이 순탄한 적이 매우 드물었고 임금과 별도로 백성 스스로 나라를 지키고 겨우 살아남았지만.)에 외국의 수탈과 전쟁의 참화로 엄청난 수난을 겪었음에도 반대로 끈질기고 역동적인 근성으로 오늘의 번영을 이룬 것도 분명하다. 전쟁을 겪은 지 오래되지 않았던 1960~1970년대에는 사회 분위기의 흐름은 '성공의 결과는 수단보다 옳다'는 것이었다. 거기에는 '수단·방법을 가리지 않고'라는 의미가 내포되어 있었다. 무조건 살아남아 돈이든 권력이든 쟁취하면 과정에서의 잘못은 용서받을 수 있다는 뜻이기도 하다. 그런 사고방식의 흔적이 현재 우리나라를 지배하고 있다. 이미 인간에 대한 존중은 사라진 실정이다.

노魯나라의 애공哀公이 공자에게 말하였다. "위나라에는 애태타哀駘它(가상 인물)라는 추한 사람이 있는데 남녀를 불문하고 사람들이 주변에 끊이지 않는다고 합니다. 남자들은 그를 흠모하고 여자들은 그의 첩이라도 되겠다고 합니다." 애공이 그를 신뢰하여 극구 재상으로 초빙하여 국정을 맡기었으나 곧 떠나버렸다고 하며, 애공이 슬퍼하면서 "그는 어떤 사람인지" 묻는다.

공자는 "죽어버린 어미의 체온을 느끼지 못하고 떠나는 돼지 새끼들이 어미를 사랑한 것은 육체가 아니라 그 육체가 할 수 있는 기능(어미가 새끼를 젖먹이는 모성.)이라"고 말한다. 그것은 근본이 없어졌기 때문이라는 것(노나라가 그가 머물만하지 못했을 것.)이다. 육체가 온전하듯이 덕(기능)이 온전하면, 그것을 드러내지 않아도 애태타처럼 사랑을 받을 것이다. "애태타는 온전한 재능을 가지고서도 그 덕을 드러내지 않았을 것이다"라고 한다. 애태타는 어떤 주장을 외친 것도 아니며 지혜를 드러낸 것도 아니고 단지 항상 남의 말에 어울리는 것뿐이었다. 내 주장을 강요하지 않고 남의 말을 귀담아듣는 것이 중요하다고 말들 한다. 그러나 상대의 말에 관심이 없는 사람, 말하는 동안 자기만의 다른 생각에 잠겨 있는 이들이 너무나 많다. 상대의 말을 잘 들어주는 것은 쌍방의 기본적인 인간 존중과 같다. 애태타처럼 자기주장을 줄이고 상대에 화합하면 누구든 내게 편안히 다가올 수 있음은 분명하다.

애공이 (공자가 애태타를 재주가 온전하다고 칭찬함에) "무엇이 재주가 온전한 것입니까" 하자, 공자는 "생명의 기회를 마음에 품는 것"이라고 말한다. 나는 삶의 의지를 온전히 보존하도록 유념하는 의미(자기의 덕을 과시하지 않고 지혜롭게 간직하는 것.)라고 생각해 본다. 장자는 덕을 드러내지 않는 것을 중요하게 본 것 같다. 드러낸다는 것은 이미 순수한 마음이 아닌 것이므로.

"무엇을 일러 덕이 드러나지 않는다고 합니까?"라고 애공이 다시 묻자, 공자는 "수평한 그릇은 물이 정지하여 평정平靜한 것이므로 이를 기준으로 삼으려면 그처럼 안으로 보전하고 밖으로 흔들리지 않아야 한다"고 한다. 이것이 '덕이 충만한 (내면으로는 덕이 가득하지만, 안정되어 넘치지 않는)' 모습일 것이다. 공자는 덕이 온전하여 드러나지 않되 백성들이 의지하고 기댈 수 있는 자를 이상적인 정치 지도자로서 바랐다. 현실에서 그런 사람은 결코 없겠지만.

나는 도와 덕의 지극한 경지를 떠나서, 기본적으로 사람은 동물과 달리 사람다운 품격이 있어야 한다고 생각한다. (매너가 사람을 만든다'는 의미심장한 말로 기발한 상상을 덧붙여 인기를 끈 영화도 있었다.) 살아서뿐만 아니라 죽음을 대면해서도 그래야 한다고 말이다. 베이징대학교 교수였던 중국의 학자 지셴린季羨林은 그의 저서 『인생』에서, "대다수 사람은 인생에 어떠한 의미나 가치도 두지 않는다. 땅속에 묻힐 때가 되어도 왜 삶을 살았는지조차 알지 못한다. 이런 심오한 문제를 구태여 생각하지 않는다"고 말하면서 "인생에 정말로 의미와 가치가 있다면 인간의 역사 속에서 모든 인간은 인간사회의 발전을 위해 자신만의 막중한 책임을 다하는 것이 인생이다"라고 하였다.

인생의 의미를 생각하지 않는다면, 본능에 따라 의식주에만 집착했다면, 동물도 그 정도는 하는 생명이기 때문이다, 사람이 동물과 같다면 여기 와서 겪는 이 인생이 의미가 없다. 사람의 덕은 도에서 기원한 것이므로 그 근원을 추구하고 가까워지려는 노력은 각자의 몫이다. 집(근원, 도)이란 돌아갈 곳이기 때문이다.

대자연은 육체를 주어 짊어지게 하고, 생명을 주어 수고롭게 하고, 죽음을 주어 쉬게 한다.

(「대종사大宗師」)

'대자연은 몸뚱이를 지어 이 세상에 오게 하고, 고단한 삶의 수고를 겪게 하고 마침내 죽음으로 되돌려 놓아 쉬게 한다'라는 이 말(자래子來가 임종에 가까워, 자려子犁가 병문안을 오자 한 말. 실존이 불확실한 인물들.)은 다른 의미로 내게 절절히 다가온다. 삶의 고단함과 함께 해탈일 죽음을 생각하면서 말이다. 장자는, 도는 형체도 없고 스스로 근본이요, 스스로 뿌리이며 천지를 낳았다고 한다. 이것이 장자가 생각하는 도다. 도는 천지만물에게는 대종사와 같은 것이다. (앞서 도교의 설명에서 종은 우러러 숭배한다는 의미라고 하였다.) 도에 지극한 존재가 진인, 성인, 지인이다. 진인은 '지혜가 도의 경지에 이르러 생을 즐거워 할 줄도 몰랐고, 죽음을 싫어할 줄도 몰랐다. 태어남을 기뻐하지도 않고, 죽음을 거부하지도 않았다. 홀연히 가고 홀연히 올뿐이다.' 그리고, '진인眞人이 있고 나서 진지眞知'가 있다고 한다. 진지는 일반적인 지식이 아니라 참된 지식이다. 사람이 있고 나서 깨달음도 있다. 진眞에서 떠나지 않는 사람이 지인至人이다.(「천하天下」) 진眞이란 인위를 거치지 않은 자연 그 자체다.(*이강수)

의이자意而子(가상의 인물이라고 함.)가 허유許由에게 "도의 경계에서나마 노닐고 싶다"고 하자, 허유는 도를 스승이라 칭하며 말한다. 《나의 스승이여, 나의 스승이여, 만물을 세세하게 만들어내고도 의義를 내세우지 않고, 혜택(澤)이 만세萬世에 미쳐도 어진(仁) 척 않으며, 아주 오래 되었어도 어른(老)인척 아니하며, 온 하늘과 땅을 걸치고서 온갖 것을 만들어내어도 기교를 자랑하지 않는구나. 이것이 도가 노니는 세상이라네.》

『장자』에서 도를 일컫는 명칭을 정리해보자면, 대종사, 물물자物物者(물체物體가 존재하도록 한 주체.「지북유」), 형형자形形者(형체形體가 나타나도록 한 주체.「지북유」), 생생자生生者(생명을 만들어낸 것.「대종사」)다. 또한, 도의 속성은 진眞(참된 것), 지선至善(지극한 기준), 대미大美(지극히 좋은 것), 대大(지극히 큰 것), 성聖(성스러운 것), 대전大全(이미 완전한 것), 명明(명백한 것), 일一(유일한 존재), 대리大理(천지의 이치), 대통大通(천지에 통하는 것), 박朴(본래 순박한 것), 독獨(절대적인 것. 홀로 우뚝 선 존재), 공公(천하에 두루 걸친 것), 신信(유일한 진실), 본本(천지의 근본), 천균天均(천지의 조화를 이루는 것), 천기天機(천지의 이치, 시스템), 진재眞宰(천지를 주관하는 것), 진군眞君(참 주재자), 생주生主(생명의 주체)다. 덧붙여 무후無厚(때가 끼지 않은 마음), 허심虛心(완벽히 매여있지 않은 마음)도 있다. (*이강수. 글자의 의미 해석은 이해하고자 글쓴이의 개인적 의견을 덧붙인 것임.) 도는 개념이다. 그러므로 장자가 틀과 선입견을 깨려는 방편으로 쓴 것 같다는 것. 한편 천이라는 표현은 그대로 하늘을 표현하거나 천연天然은 자연, 천지는 만물의 총칭, 크고 넓고 무궁한 개념, 우주 전체다.(*이강수)

노자의 도덕경은 '도가도道可道 비상도非常道, 명가명名可名 비상명非常名'으로 시작한다. 단지 말로서 실정을 전할 수 없는 도를 어떻게 표현할 수 있을까?라는 고충을 드러냈다고 볼 수 있다. 보려고 해도 보이지 않고(이夷) 들어보려 해도 들리지 않고(희希) 만져보려 해도 만져지지 않는다(미微). 이·희·미는 인간의 감각기관에 드러나지 않는다는 뜻이다.(*이강수) 말로 한정되는 것은 도가 아니며 실제로 도를 온전히 설명할 수 없다는 말이다. 그냥 편하게 나는 '도는 도라는 말로써 온전히 깨달을 수 없는 것, 그 이름을 붙인다고 해서 실체가 정확히 전달되지 않는 것'이라고 이해한다. 그렇다면 여기서 상常이라는 글자가 묘해지며 상常이라는 뜻은 배제되는 의미가 되어버린다. 그래서 많은 해석이 '도는 불변하니까 도다'라고 모호하게 설명해 버린다. 상은 항상성恒常性으로 때, 장소에 따라 변하지 않은 원리성이 아닌가. 그것이 무엇일까? 나는 주역에 비추어 생각한다. '모든 것은 순환하고 변한다'는 것은 사실이며 그 전제('멈춰있지 않고 변한다'는 것 자체)는 절대 변하지 않는 우주의 순환 원리·법칙이라는 것. 천지에 상도(常)가 있으니 해와 달이 빛나는 것, 별들의 배열, 금수禽獸가 무리짓는 것, 수목樹木이 서 있는 것 등이 그런 것이다(「천도」). 안위와 화복, 느리고 빠름, 모이고 흩어지며 다하면 돌아오고 끝나면 다시 시작된다(「칙양」)는 것이 상도다.

노자는 도가 어떤 의지나 목적을 가지고 천지 만물을 주재하는 것이 아니라 천지 만물이 스스로 존재하고 움직이게 하였다고 주장하였다. 장자는, 「제물론」에서, "그렇게 시키는 주재자(도)가 무엇인지 알지 못한다. 그 주재자는 정情은 있으되 형形은 없다. 작용은 있으되 모습을 볼 수 없다"고 하고 "그 존재는 있는 것일까? 그 존재의 실상을 모르더라도 진실 자체는 변함이 없을 것"이라고 한다.

장자는 도에 대해, "스스로 근본이며 스스로 뿌리다. 천지가 있기 이전부터 존재하였다. 태극보다 먼저 있어 천지를 낳았다"고 한다. 다함이 없다는 무극無極은 태극太極 이전의 통합된 세계다. 태극은 무극에서 세상을 창조하려는 조물자(인간이 믿는 어떤 신격 존재를 의미하지 않는다.)의 의도가 막 시작되려는 상태라고 나는 생각한다. 무극이 태극으로 분열의 조짐을 품은 채 자리를 잡고 이것이 음양으로 바뀌는 것이다. (「칙양」에서 음양이 기氣중에서 제일 큰 것이고, 도의 작용이 기라고 했다. 음양은 모든 만물의 창조의 원천이다. 음양은 화학적으로도 원소元素들의 이온 결합을 이루는 동력이다.)

「천지」편에 이에 대한 부가적인 설명이 있다. '천

지 사이에 널리 통通하는 것은 덕이고 만물에 작용(行)하는 것은 도다.' 천天은 자연으로 대신하기도 한다. 여기서는 '무위로 행하는 것을 천이라 일컫는다'고 하였다. '도는 만물을 아우르는 것이다. 도가 아니면 형체가 생겨나지 못하고, 생명은 덕이 아니면 빛나지 못한다.' 이것이 「천지」편의 주제라 할 수 있다. 「천지」는 「대종사」의 부연적 설명이 되고 있다. 나는 도와 덕의 어려움을 피해 순진하게 이해해 보고 싶다.

《태초에는 무無만 있었고 존재하는 것(有)이 없었고 이름도 없었다. 여기서 일(一)이 생겨났으나 형체는 없었다. 만물이 이 일(一)에서 생겨났는데 이것을 덕德이라 한다. 뭔가 구분이 있기는 하지만 아직 형체가 명확하지 않은 상태였다. 이것이 움직여 만물(物)을 낳았는데 이것을 형形이라 한다. 이 형체가 정신을 보유하는데 이것을 성性이라 한다. 성을 닦아서 덕德으로 돌아가면 덕이 처음과 같아질 것이니, 같아지면 모든 것이 비게 되고 천지와 합일하여, 위대한 순리에 부합하는 것이다.' (「천지」)》 이는 사물에 대한 경계가 사라지는 경지를 일컫기도 하는 말이다. 장자의 의도가 다음과 같을 것이다. '어떤 사물에 도가 있느냐고 꼭 집어서 말하면 도가 그 사물에만 국한되는 것이니, 두루, 널리, 모두가 그러한 뜻일 것이다.'(「지북유」) 동곽자洞郭子(성 동쪽 외곽에 사는 선생이라는 의미 같다.)가 장자와 도에 대한 문답을 했다. 동곽자가 물었다. "도라는 것은 어디에 있소?" 장자가 답하기를 "없는 곳이 없다"라고 했다. "꼭 집어 알 수 있게 말해주시오." "그것은 땅강아지나 개미에게 있다." (…) "기왓장이나 벽돌 조각에도 있다." "똥이나 오줌 속에 있다." "그대(동곽자)가 묻는 것은 본디 본질에 미치지 못한다."(「지북유」) 한 수행자가 운문선사(당唐나라. 운문종雲門宗을 개창.)에게 물었다는 말도 이와 같을 것이다. "부처가 누구입니까?" 하자, "똥 막대기니라." 우주가 빅뱅 이후 모든 물질이 탄생한 것에 비추어, '모든 것은 원래 하나였다.' '우리는 별의 자손이다'라는 유행어도 그렇게 연유된 말인 듯하다.

사람으로서의 사명(운명)을 수용하려면 도에 대한 최소한의 납득이라도 있어야 하지 않을까 생각해본다. 이는 주역, 천부경, 불경에서 유사한 표현으로 의미를 같이 하고 있다. 장자의 도가 이들에서 말하는 세계와 전혀 다른 것이 아니다. 과학적으로나 종교적으로 하도 많이 들어서 현대를 사는 우리는 그것을 이미 짐작하고 있다. 우리는 과거의 사람들보다 훨씬 도통에 가까이 다가갈 수 있는 많은 지식을 갖춘 셈이다. 도는 세상이 만들어지는 근원(하느님, 우주심, 에너지, 도 등)이며 그것이 운행(순환, 전개, 덕, 원소의 결합 및 해체 등)하는 방식을 포함한다. 도의 영어 번역도 'The Way(길)'다. 인간이 운명을 받아 살아가는 길도 도다. 우주의 탄생과 존재 방식도 도다. 그렇다면 '도를 깨닫기 위한 수양은 어찌해야 할까?'가 『장자』「대종사」편의 뜻이라고 나는 생각한다. 장자가 자기를 보존하여 요절하지 않고 천수를 마치는 것을 중시하는 것은, 지혜가 도의 경지에 이를 수 있는 기회의 보존(연장延長)이라고 생각해 본다. 육체의 향락을 위해 수명을 연장하는 것은 인생에서 중요한 의미를 가지지 못한다.

나는 도가 지식이 아니라 체득이라고 믿어왔다. 말로써 설명할 수 없다는 말이 이미 그런 것을 품고 있다. 강신주가 주장하듯 장자는 현실을 초월하는 이상주의자(또는 심미주의자)가 아니다. 노자처럼 '근본(도)으로 회귀하여 근본으로부터 이탈하지 않으려는 정신이 강하므로' 아직 그가 도와 일체가 아니라는 반증일 수 있다.(*이강수, 「체도體道를 중심으로 본 장자 사상」. 그래서 노자를 도에 미완이라는 생각들이 있다.)

지식으로 도를 이해할 수는 있다. 그러나 진정한 도는 지식으로 알 수 있는 것이 아니다. 다음과 같이 설명해 본다. 도에 대한 공부를 많이 한 누군가 있다고 치자. 오랜 수행 끝에 그는 도가 있는 바깥으로 통하는 문 앞에 서 있다. 문을 열면 도가 그곳에 있다고 알고 있으며 그것이 어떤 세계인지도 이해하고 있다. 그런데 문을 열고 밖을 내다보는 순간 그동안의 쌓은 지식은 아무것도 아님을 깨닫게 된다. 문이 곧바로 닫힌 사람도 있고, 그 세계로 나갔다 다시 돌아온 사람도 있고, 문을 열고 나가 다시 돌아오지 않는 사람도 있다. 한 번 본 사람과 돌아온 사람은 일단 도의 세계를 체험은 했으나 도에 미완성인 사람이다. 견성과 해탈에 대한 그런 논쟁이 있었던 걸로 나는 알고 있다.

도를 벗어나지 않으려는 수행은 영혼의 지난한 숙제이리라. 체득이라는 것은 한 번이라도 문을 열고 도의 세계를 내다본 사람의 실증적 체험이라 할 수 있다. 이것이 지식과 체득의 차이라고 나는 이해해 본다. 노자에 대한 평가와 달리 장자가 도를 체득했다는 유추는 무대無對의 소요(비교되고 대립되는 것이 아닌 완벽하고 독립적이며 절대적인 자유)라는 경지를 일컬음으로써 가능해졌다. 이 말은 우리가 매여 벗어나지 못하는 유대有待(무엇엔가 의지할 수밖에 없는)의 세계 속에서 어떻게 해를 입지 않을 수 있는가? 자신의 생의生意를 온전히 보존할 수 있겠는가?에 대한 답이 될듯하다.

장자는 절대적 경지에 이르는 구체적 방법을 안회顔回의 입을 빌어 말한다. 이는 육체적인 수행이 아니라 정신으로 다다르는 경지이다. 안회는 처음에는 인의仁義를 잊고 → 예악禮樂을 잊고 → 좌망坐忘에 들었다고 공자에게 말한다. 안회가 답하는 좌망(앉은 자리에서 자신·지각작용을 잊음.)이란 '몸을 잊어 감각을 벗어나고(휴지체墮肢體) 사리분별하려는 인식을 버리면(출총명黜聰明) 육신을 떠나 감각을 벗어나게 되어 대통하는 세계에 합일(同)하는 것'이다. 공자는 "대통하면 좋은 것도 싫은 것도 없이 도와 조화되어 항상 집착이 없으니(無常) 참으로 네가 현명하구나"라고 화답한다. 이는 참선을 통해 이르게 되는, 불교에서 말하는 적정寂定의 경지와 비슷한 것 같다.

좌망은 「인간세」편의 심재心齋와 더불어 중요한 마음 수행의 방법이다. 심재에 대해 안회가 묻자 공자는 "너의 뜻을 하나로 모으고 귀로 듣지 말고 마음으로 듣되 마음으로 들어도 기로 들어라. 기는 내가 완전히 비어있는 것으로 사물을 대하는 것이고 도는 비어있는 곳에 있으니 비우는 것이 심재다."(「인간세」)라고 한다. 금강경에서도 참선은 아상我相(나·에고라는 한계), 인상人相(사람이라는 인식의 한계), 중생상衆生相(생명가진 것으로서 인식의 한계), 수자상壽者相(목숨의 유한성에 매임)을 없애는 것부터 시작한다. 이런 한계성에 매달리면서 번뇌가 시작된다. 그러니 이 네 가지 상에 붙잡히면 여래如來를 볼 수 없다는 것이다. 공자는 안회를 칭찬하고 "나도 너를 따르고 싶다"라고 말한다.

「대종사」편에도 안회의 심재와 비슷하게 도를 어

떻게 얻어가는지에 대한 이야기가 있다. 남백자규 南伯子葵(다른 편의 남곽자기, 남백자기와 동일인으로 추정한다는 설.)와 여우女偶(옛날 도를 알았을 거라는 여인.)의 이야기다. 남백자규가 여우에게 물었다. "나이가 많아 보이는데 안색은 어린아이 같습니다." 여우가 답하기를, "나는 도를 들었답니다"라고 하였다. 자규는 "도가 배워서 얻을 수 있는 것입니까", 다시 물었다. 여우는 "어찌 배울 수 있는 것이겠습니까?" 하지만 복량기卜梁倚같이 성인聖人이 될 수 있는 자질은 있으나 성인의 도는 없는 사람에게는, 나와 같이 성인의 도는 있으되 성인이 될 자질이 없는 사람이 도를 알려주기는 쉽습니다.

"그를 지켜보며 알려주었는데, 3일이 지난 뒤 천하를 잊었고(外天下) → (그 상태를 유지하여) 7일이 지난 뒤에는 물을 잊었고(外物) → (그 상태를 유지하여) 9일이 지난 이후 자기의 삶을 벗어나서(外生) → (그 상태를 유지하여) 연후에 조철朝徹하였고(어두움을 벗어나 마침내 아침 햇살이 비쳐오듯 도가 찾아들었다고 나는 생각해 본다.) → 비로소 견독見獨(무엇에도 대비되지 않고 의지하지 않는 절대적 존재인 도를 깨달음.)하였습니다. 이로써 고금古今이 없어지고(시간의 개념이 사라지고), 다시 생사生死를 떠난 도의 경지(생을 사멸하는 존재인 살생자殺生者로서 소멸되지 않고, 생겨남을 이루는 존재인 생생자生生者로서 나지도 않는 경지. 즉, 생사가 없는 도의 경지)에 들어섰습니다. 사물의 오고 감을 훼손하고 억지로 이루지 않아 어지럽더라도 그대로 함께 어울리니 이를 영녕攖寧이라 합니다."
영녕에 대한 여러 의견이 있으나 나는 '천지만물의 이치(도)를 깨닫게 되니 천지만물의 부단不斷한 (어찌보면 복잡하고 요란한) 순환 속에서도 그것과 하나가 되어 편안하다'는 뜻으로 생각한다.

참선 수행의 참 목적은 인간이 본성을 받아와 살아가는 동안, 쌓은 때(업보, 감정의 흔적들 같은)를 씻어내는 것이다. 이는 어떤 의로운 행동이나 물질을 베푸는 선한 행위가 아니라 정신적인 '비움'(철저히 기억에서 씻어내는 방식의)의 수양이다. 이것을 성수반덕性修反德이라 하고 있다. 이렇게 비우고 나면 영혼에 묻은 업보가 사라지고 처음의 상태와 같아진다.

「우언」편에도 안성자유顏成子遊가 동곽자기東郭子綦

에게 도를 얻은 이야기를 하고 있다. "선생님께 배워 일 년이 지나자 순박한 인간으로 돌아갔고, 이 년이 지나서는 제 고집을 버렸고, 삼 년이 지나서는 하나로 통함을 알았고, 사 년이 지나서는 사물과 하나가 되었고, 오 년이 지나서는 이치를 알게 되고, 육 년이 지나서는 몸을 벗어나고, 칠 년이 지나서는 자연으로 돌아갔고, 팔 년이 지나서는 생사를 잊었고, 구 년이 지나서는 크게 신묘해졌습니다."

사람의 한계를 잘 알고 있는 장자의 도를 추구하는 당위성에 대한 생각은 이렇다. '사생死生은 천명이며, 저녁·아침은 상도常道다. 이처럼 사람이 간여할 수 없는 것이 있으니 모든 만물의 실존(도)이 그렇다. 군주를 자기보다 높이 여겨 몸을 바쳐 죽기도 하거늘 하물며 그보다 참된 도를 사랑하지 않으랴?' 장자의 '진인의 행함'을 나타내는 말 중에 지금 시기의 현실적인 우리에게 주는 의미도 있다. "이해를 통합하지 못하는 자는 군자가 아니다. 명예를 위해 자기를 잃는 것은 선비가 아니다. 의롭지만 붕당을 짓지 않으며 모난 사람 같지만 완고하지 않다."

거울과 같은 마음 씀

(「응제왕應帝王」)

「응제왕」편의 제호에 대해서는 해석이 다양하다. (『장자』의 편들 제목이 그런 것 같다. 내편의 제목은 편 내용의 의미를 담고 있으며 가상의 인물명도 많다.) 본편에서 '응應'은 '응하되 마음에 두지 말라'는 구절에서 나타난 유일한 글자다. 노담老聃(노자)이 양자거陽子居에게 '밝은 임금의 다스림'에 대해 하는 이야기와, 열자列子가 스승 호자壺子와 나눈 계함季咸이라는 신통한 무당 등의 이야기로 제왕의 자격에 대한 것이라는 해석도 있다고 하나, 장자가 현실 정치에서의 제왕의 자격을 구체적으로 말한 바는 아닐 것이다. 천근天根(천지만물의 근원이라는 은유적인 이름인듯하다.)이 무명인無名人에게 천하를 다스리는 일에 대해 물어보는 이야기는 있다. "마음을 담담하게 하고, 기를 적막하게 부합하여, 물物의 자연스러움을 따라 사사로움을 수용하지 않으면 천하는 잘 다스려지는 것이다."

도를 체득한 '지인至人'은 변화에 응하여 마음을 두

지 않아 능히 외물을 극복하고 상하지 않도다'라는 이 절節 속에 표현된 지인처럼 '지극한 마음가짐'이란 어찌해야 하는가를 생각해본다. 지인은 '지극한 경지의 제왕' 같은 마음을 가진 이다.

《정鄭나라의 계함은 관상을 보고 사람의 생사존망生死存亡과 화복수요禍福壽夭를, 그 일이 벌어지는 시간까지 귀신같이 맞췄다. (그의 점사를 듣고 무섭도록 정확하므로 사람들이 질겁하여 황급히 도망을 가곤 했다.) 열자는 계함을 만나보고 심취하여 스승 호자에게 그에 대한 이야기를 했다. "선생님 아니고도 도가 지극한 자가 있습니다". 호자는, "나는 네게 아직 (도에 대한) 알맹이도 알려주지 못했거늘 도를 이야기하는가?"라고 하며 한번 그를 데려와 보라고 시켰다. 계함은 호자를 몇 차례 만났으나, 그때마다 호자의 관상이 계속 변하므로 계함은 점을 칠 수가 없었다. 한 번은 "호자가 곧 죽을 것"이라 하였고, 다음에는 놀라며 "호자의 죽을 병이 나았다"고 했다. 나중에는 "호자의 관상이 한결같지 않으니 도무지 점을 볼 수가 없다"고 한다. 호자가 계함에게 보여준 것은 태초의 혼돈, 평정한 기운, 근원적인 텅 빈 뿌리 등을 차례로 보여준

것이었다.》

호자가 열자에게 "너는 (잘 알지도 못하는) 도로써 세상과 겨루려 하고 신뢰을 얻고자 하니 남들이 네 관상을 쉽게 보는 것이다"라고 하였다. 열자는 그런 일이 있은 후, 자신의 학문은 아직 시작도 되지 않은 것을 알고 집으로 돌아가서 혼자서 일하고 삼 년 동안 아내를 위해 밥을 지었고 사람을 대하듯이 돼지도 먹이고 길렀다. 일체의 허식도 없는 자연으로 돌아가서 한결같은 마음으로 생을 마쳤다. 열자는 처음으로 돌아가 가장 기본적인 것부터 수양을 새로이 시작한 것이었다.

《남해南海의 황제 숙儵과 북해北海의 황제 홀忽이 중앙中央의 황제 혼돈渾沌과 만났다.(숙, 홀, 혼돈은 이야기 속의 의인화된 인물들.) 숙과 홀이 자주 혼돈의 땅에서 만났는데 그때마다 혼돈이 대접을 잘해주었기에, 숙과 홀이 혼돈의 은혜에 보답하고자, 보고 듣고 먹고 숨을 쉬라고(혼돈에게 구멍이 없기에) 하루에 한 개씩 일곱 개의 구멍을 뚫어 주었는데 혼돈이 죽어버렸다.》 내 기준으로 상대의 본성을 변형함으로써 그 생명을 잃어버렸다. (감각기관이 생겨났다.) 마치 죽음이 없었던 에덴동산에서 아담과 이브는 선악과(인식, 분별)를 먹음으로써 분별이 생겨버렸고 이후 영생하지 못하게 된 창세기의 이야기가 연상된다.

장자의 제왕 같은 마음 씀은 다음과 같다. "무궁을 체현하고 내가 없는 경지에 머무는 지인의 마음 씀은 거울과 같아서 보내지도 맞이하지도 않는다." 강제로 작위作爲하거나 드러내지 않아야 한다는 말이다. 거울과 같은 마음 씀이란 무엇이 비치든 거울 자신이 변하는 것이 아니다. 거울은 차별이 없이 있는 그대로를 보여줄 뿐이다. 이 상像을 보고 시비분별이 이는 것은 상에 따라 일어나는 작위의 마음이다. 억지로 위하고 강제하는 것은 혼돈처럼 그 본연의 가치나 의미를 죽게 만든다. 외물은 물질이라는 의미 외에도 인간의 정신적인 부분도 해당되는 것으로서 우리가 의지하는 물질적 형태의 재물욕뿐 아니라, 명예욕, 권력욕 등도 거기에 포함된다.

지인至人은 무대(무엇에도 의지하지 않는 무한한 세계, 무궁에 노니는)의 마음을 가진 자다. 이 마음은 무엇에도 매이지 않는 빈 마음(허심虛心)이다. 거울에 비치는 상을 절대적으로 여기지 않는다. 비치는 상을 간직하지도 않는다. 지인도 자의식을 가지고 옳다, 그르다는 판단을 할 수는 있다. 유동적인 무대의 마음이기 때문이다.(*강신주) 능히 변화에 응하되 마음을 두지 않는다는 장자의 말이 그렇다.

천하의 정도라고 말할 수 없는 것들

(「변무駢拇」)

《엄지발가락이 둘째발가락과 붙은 것(변무)과 여섯 손가락은 덕(하늘로부터 받아 나온 형체의 뜻으로 봄.)이 지나친 것(타고난 기형)이다. (몸에 나는) 사마귀는 본성이 지나친 것(타고난 것과 달리 후천적으로 생겨난 것의 의미.)이다. 인의仁義를 도라 칭송하지만 그것은 도와 덕의 바른 모습이 아니다.》 (외편 이후의 제목들은 내용의 첫 구절이나 내용에 나오는 사람 이름 등에서 따왔다.)

장자는 육체의 불균형(일반적인 형태와 다른)을 빗대어, 인의라는 것으로 사람을 억제하는 것을 비판하고 있다. 지극하고 올바른 자는 천성 그대로를 잃지 않으므로 네 발가락과 육손이를 받들지도 않고 병신이라 비난하지도 않는다. (장자가 보통은 무시당하는 입장인 불구자의 비유를 많이 드는 것은 형체·사회적 대우에 대한 선입관을 갖지 말라는 의도임이 명확해진다.) 그러므로 오리의 다리가 짧다고 이어주거나 학의 다리가 길다고 잘라주지 않는다. 이는 쓸데없는 짓이다. 장자(아마 장자의 후학後學)가 비난하는 인의仁義가 그런 것의 하나다. 유가儒家의 인의가 세상을 바르게 하는데 도움만 되었을까? 오히려 군더더기처럼 불필요하다는 생각인 것 같다. 그래도 세상은 여전히 시끄럽다는 의미인 듯하다. 조선시대의 강직한 유교를 생각해 보라. 누군가는 질식당하는 삶을 살았을 것이다. 애초에 바람직한 인의仁義였더라도 지식으로 기교(일부 사대부들의 쟁론처럼)를 부리는 사람이 있었을 것이니 이는 천하의 지극한 도가 아니다. 이 지극한 도는 타고난 본성에다 무엇을 덧붙이는 것이 아니다. 마치 학의 다리와 오리의 다리를 그대로 두어야 하는 것처럼.

《양을 키우는 장臧은 독서를 하다가, 곡穀은 주사위 놀이를 하다가 양을 잃어버렸다. 무엇을 하다가 그랬든 양을 잃어버린 결과는 같다. 백이伯夷는 수양산首陽山에서 명예를 위해 죽고 도척盜跖은 동릉東陵에서 이익을 탐하다 죽었다. 죽은 이유는 달라도 생명을 잃은 것은 같다. 그런데 백이는 옳고 도척은 그른가? 천하의 사람들은 외물로 인해 본성이 바뀌어버렸다. 소인은 이익에 목숨을 걸고, 선비는 목숨을 명예와 바꾸고, 대부大夫는 가문을 위해 몸을 바치고 성인聖人은 천하를 위해 몸을 바친다.》 명분을 내세우지만 개인의 욕구, 즉 외물을 따르는 건 같다는 것. 외물은 이익, 명예, 가문, 천하天下다.

이 편은 반어적인 의미를 염두에 두고 읽어야 할 것 같다. 사물의 본성을 그대로 보자는 장자의 말들은 보통 사람(중인衆人, 우인愚人)인 우리들에게 시비를 일으킨다. 세상은 내가 옳다는 온갖 주장이 난무하면서, 무엇이 바른 것인지 매우 혼란스럽다. 장자가 보기에는 명예도 인의도 '자기의 갈 길을 모르는 것'이다. 냉정히 보면 어떤 상황이나 일(事)이나, 인간 자체도 반드시 끝이 있다. 그것이 정확한 진실이다. 솔로몬의 지혜라는 '이것 또한 지나가리라'처럼 고해苦海라는 이 삶에서 역설적으로 시간이 그나마 희망이라고도 할 수 있을까?.

순舜임금이 승丞(관직)에게 물었다. "내가 도를 가질 수 있겠습니까?" 승이, "몸도 내 것이 아닌데 어떻게 도를 가질 수 있겠습니까?"라고 하자 순임금이 다시 물었다. "내 몸이 내 것이 아니라면 누구의 것입니까?" 승이 답했다. "그것은 천지가 내게 형체를 맡긴 것이며 생명도 마찬가지입니다. 천지가 부리는 조화이며, 본성과 명도 천지에 순응하는 것이며 자손도 내 것이 아닙니다. 천지가 허물을 맡긴 것과 같습니다. 따라서 어디로 가야 할지, 무엇을 간직할지, 먹어서 맛도 알 수 있는 것이 아니며, 천지의 양기陽氣이므로 가질 수는 없는 것입니다."(「지북유」)

나는 이렇게 생각해 본다. 마치 영원히 살 것처럼 온갖 탐욕을 부리다가 어느 날 죽음에 이르면 허망할 뿐. 내가 누리는 권력과 재물이 영원하기를 바라고 몸부림치다가도 결국은 모든 것을 두고 떠나야 한다. 어떤 명분도 명예도 부富도 영원하지 않다. 인류의 문명도, 지구도, 우주도 영구하지 않은데 한 인간이 누렸던 것들을 말해 무엇하랴. 이런 마음으로 살면 인간성이 사라진 부자나 인간에 대한 사랑이 전혀 없는 위정자爲政者도 없을 것이다. 장자는 이런 말을 하고 싶었던 것이 아닐까. "내가 죄와 허물을 묻는 것은 도와 덕에 대해서다"라고. 짧은 시간의 현실보다 근원적인 차원에 뜻을 두라는 것.

만물과 어울려 벗이 되었으니

(「마제馬蹄」)

마제란 말의 발굽이다. 《말에게는 발굽이 있어 차가운 서리와 눈을 밟을 수 있는 것이 말의 본성임에도 사람들은 발굽을 다듬고 못을 박아 강제로 몰고 달리게 하여 결국은 태반이 죽게 만든다.》

타인의 뜻에 내가 좌우되는 크기에 따라 '주어지는 복의 크기'를 생각해 본다. 세상은 가만있어도 나를 강제로 끌고 간다. 남이 나를 강제한다는 것이 참으로 싫다. 그러나 어쩔 수 없이 이 세상에서 나를 보존하고, 내가 책임져야 할 사람들에게 사람다운 노릇을 해야 하기에 숱한 인격모독과 수치를 견디고 살아야 한다. 나는 자유가 한 인간에게 있어 가장 소중한 가치라고 믿는다. 여기서 자유란 방종으로 내 멋대로 할 수 있다는 뜻이 아님을 알 것이다. 이 자유를 '나를 건들지 마라'는 식으로 오해하고 타인에게 피해를 강요하는 사람이 정말 많다. 자유는 자기 수양과 절제, 타인에 대한 존중을 바탕으로 한다. 내가 통제당하기 싫으면 타인도 그럴 것이라는 인정을 해줘야 한다. 타인의 희생을 볼모로 하지 않는 자유가 진정한 자유다.

우리나라도 이제는 자본주의의 폐단이 서구 못지않은 상황에서 부모가 아이를 가르치는 데도 아이의 행복을 우선하지 않는다. 결과가 수단보다 유용했던 시대를 거쳐와 운 좋게 획득한 재물에 맛을 들인 어른들이 이제는 부모가 되어, 나눠야 할 떡(권력과 돈을 줄 기회가 많이 주어지는 학교와 그 학벌을 통한 직업 같은)의 몫은 한정되어 있는데 내 자식이 그것을 남보다 앞서 차지하도록 최선(가능한 온갖 수단을 써서)을 다한다. 아이들은 공부를 강요받고 인간사회의 건전한 규범을 배울 시간이 없이 자본주의의 나쁜 점에 길들여져 극히 이기적이며 공존을 모르게 되어버렸다. 우리 사회의 미래가 어두울 거라는 전망은 여기서부터 시작된다.

타인이나 서로에게 구속되는 것 없이 평등하고 집단에 묶이지 않는 사회를 장자는 꿈꾸었는지 모른다. 인간은 불완전한 동물이다. 인간사회는 근본적으로 규제를 바탕으로 운영된다. 모두가 하고 싶은 대로 하면 혼란은 뻔하다. 그래서 법으로 정한 것이 얼마나 많은가. 그럼에도 법에 정한 바가 없다고 제재해야 할 일을 지켜만 보는 황당한 일도 자주 일어난다. 그 많은 법 규정을 가지고도 안 된단 말인가? 인간 세상에 유토피아가 가능할까? 장자가 대체로 군주에게 환영받지 못했던 것은, 통치의 타당한 규범을 지지하는 것이 아니라 강제하지 않거나 틀 안에 묶어두지 않을 것을 주장하기 때문이 아닐까? 장자에 대해서는 지금도 반체제적, 민중 친화적이라는 의견도 있다. 장자를 단지 그렇게만 받아들여야 할까? 겉으로는 그럴듯한 명분을 내세우면서 속으로는 이해타산을 따지는 세상의 온갖 가식을 배제하고 순수하게 인간과 인간의 삶을 사랑한 것이 이념이라는 굴레를 뒤집어쓸 이유인가?

장자는 '공동체의 덕'을 말한다. 장자가 바라는 공동체는 이렇다. '하나 같이 평등하고 집단에 묶이지 않아 덕이 지극했던 세상에서는 생활이 순박하고 한결같았다. (…) 금수와 더불어 살고 가족처럼 만물이 어울려 벗이 되니 백성의 성품이 덕성스러웠다.' 묵자墨子의 상동론上同論과 겸애兼愛를 떠올리게 한다. (장자의 말하는 바는 묵자와 뜻이 다르긴 하지만) 장자의 생각은 도에 연원한 것을 말하는 것으로, 무정부주의자(아나키스트)처럼 오해할 수도 있겠으나, 그가 정말 무정부상태를 바랐는지는 잘 모르겠다. 자연적 본성에 따라 억압할 필요도 없이 억지가 아닌 자연스러운 삶이며 집단에 묶일 필요가 없었다고 하지만 말이다.

'모두 같이 참여하고 누린다'는 대동大同이라는 뜻이 '네 것 좀 같이 나눠 먹자'로 오해받아 특정 기득권자에게는 위험하게 받아들여질 수 있다. 정치적인 관계에서 이를 부르짖는 것은 주로 개혁·혁명적인 집단이라는 역사적 상황과 선입관에서 비롯되기도 한다. 우리 사회도 진보와 보수의 투쟁이 지속되고 있다. 단순히 생각하자면, 보수는 기존의 시스템을 너무 급격하게 변화시켜 위태로움을 일으키지 말자는 것이고, 진보는 기존의 사회 제도·정치가 사회 구성원에게 균등한 기회를 주지 않는다는 관점이니 당장에라도 바뀌어야 한다는 주장일 것이다. 안정된 사회를 유지하면서 바람직한 방향으로 시대 상황에 변해가야 한다는 것이 적합한 선택인데 이런 순수한 정의는 사라지고 자기들 뜻에 동조하는 집단만을 위한 명분·이득의 껍데기만 남아있다. 좋은 사회는 그 두 생각의 교집합일 것이다.

「천하」에서 묵자를 이렇게 평하고 있다. '비악非樂과 절용節用으로 (…) 노래하고 싶어도 못 하게 하고, 곡哭하기를 말라 하고, 음악을 즐기는 것을 비난하는 것이 사람들의 마음에 반反하는 것이라 (…) 살아서는 노동하고, 죽어서는 각박하니, 그 도는 따뜻함이 없다.' 묵자의 근검과 절약이 이렇게 평가절하되고 있다. 환경 훼손이 위험한 수준에 달한 현대사회에서 묵자의 검약 사상은 절실히 요구되고 있다. 묵자의 상동은 상하동의上下同義로서, 하늘의 뜻(천지天志)인 의義를 실현하기 위하여 현명한 군주가, 민중 각자가 주장하는 다양한 요구를 열린 마음으로 듣고 조정하여 겸애兼愛(섬김)와 교리交利(각자의 능력 차이를 인정하면서 이익을 공정하게 찾아감.)를 실천하는 것으로, 상하가 소통하는 바람직한 현대 민주주의의 원형을 품고 있다는 유의할 만한 주장이 있다.(*박진우, 『묵자는 살아있다』) 묵자가 꿈꾸는 다름을 인정하되 차별 없이 공존하고자 하는 사회가 사회주의가 아님은 명확하다. 지금도 당연히 그래야 하건만 이미 사람은 중요하지 않고, 자본주의에 질식해 버린 민주주의다.

인간은 사회적 동물이라고 하는데, '사회'는 왜 필요한 것일까? 아주 원초적으로 상상해 보자. 같이 모여 살아야 하는 것은 취약한 인간 육체가 외부의 위험에 대처하고, 생존에 효율적인 여건을 갖추고자 하는 필요성 때문이다. 소외되고 버림받는 사람이 없고자 한 것이다. 그런데 점차 인간이 자연이나 동물보다 더 위험한 존재가 되어버렸다. 다른 집단에 대해서나 내부에서도. 나중에는 당초의 그 사회의 공동 존속이라는 목적하의 '공동체 시스템' 자체가 변질되었다. (공동체는 생각·추구하는 바가 유사한 사람들의 집단이고 사회는 각기 다른 공동체의 협력·공존을 위한 집합이라고 여겨본다.) 목적에 대한 수단이, 그 수단에 대한 또 다른 수단이 계속해서 생겨나고 사회는 계층별로 분리되어 인간사회의 목적은 주객이 전도되었다. 장자가 살았던 시대나 지금이나 무엇이 달라지긴 했을까?

우주 내의 만물은 빅뱅에서 생성된 원소들의 결합으로 만들어지고 해체되듯이 태초부터 서로 전혀 무관하지 않았다. 우리는 유기체다. 유기체란 네트워킹 시스템 속에서 상호 작용에 의해서 공존하는 생명체라는 말이다. 지구 반대편의 나비 날갯짓이 반대편에는 폭풍으로 닥쳐오는 것처럼, 모든 것이 서로 빈틈없는 천라지망天羅地網으로 연결되고 있음을 실감하고 있다. 우주 내의 모든 정보는 동시성同時性이라는 것과 같다. 먼 곳의 악행(사람을 함부로 죽이는 일 같은 것)이나 정치 상황도 외면해서는 안 되는 이유가 그것이다. 외면해도 반드시 언젠가 내게 영향을 끼치니까.

『노자(도덕경)』에도 천망회회天網恢恢 소이불실疎而不失이라는 말이 있다. 하늘의 그물은 광대해서 성긴듯해도 절대 놓치는 것은 없다. 모든 물질 외에도 상황이나 여건이 다 내게 유의有意한 것일 것이다. 그래서 내 삶의 조건을 안타까워하는 가운데 '이것이 내게 무엇을 가르쳐주는가' 의미를 부여해 보고자 한다. 그러면 조금이나마 삶의 수고를 위로받을 수 있을 것 같다.

도둑질에도 도가 있다

(「거협胠篋」)

《궤짝을 열고(거협) 뒤지는 도둑을 막으려고 노끈으로 단단히 묶고 자물쇠로 잠근다. 그러나 도둑은 오히려 상자를 등에 지고 달아나면서 노끈이나 자물쇠가 허술할까 봐(도망치는 도중에 쏟아지면 안 되니) 걱정한다.》 그러니 도둑을 방비한다는 지혜가 사정에 따라서 소용이 달라진다. 세상을 위한다는 사상도 그런 꼴이 될 수 있다는 것. 《제齊나라는 고을을 다스림에 성인을 본받지 않음이 없었다. 그런데 제나라 대부였던 전성자田成子는 제나라 군주(간공簡公)를 죽이고 나라를 훔쳐 몸은 안락을 누리고 후손들이 대대로(열두 세대 동안) 나라를 차지하였다. 그러니 나라를 훔치고 성인의 법도까지 훔쳐 도둑의 몸을 지킨 꼴이다.》

《(하夏나라 걸왕桀王에게 충언을 하다가) 참살당한 용봉龍逄, (상商나라 주왕紂王에게 간하다가) 비간比干은 가슴이 갈라졌고, (주周나라 경왕景王에 의해) 장홍萇弘은 창자가 끊겼고 (오왕吳王 부차夫差에게 간하다 물에 뛰어들어 죽은) 오자서伍子胥는 물에서 썩었다. 이 네 사람은 현명함으로도 형벌을 당했다.》 이는 최고의 지혜라 해도 결국은 큰 도둑을 지켜주는 꼴밖에 되지 않았으며 나라를 건전하게 유지하는데 전혀 도움이 되지 못했다는 것이다.

불행히도 우리에겐 그런 경험이 있다. 나라는 누구를 위한 것인가? 아주 오래전부터, 외적이 쳐들어오면 임금은 도망가고 백성은 스스로 나라를 지켰다. 나라가 부도나게 됐을 때 온 국민이 금붙이를 내놓아 부도를 막는 데 앞장섰다. 누구는 국민을 억압하면서 권력을 쥐었고, 그들만의 무리는 온갖 영화를 누렸다. 이런 모습에 장자와 같은 심정이 된다. 무엇이 우리 삶에서 바른 가치인지 도무지 모르겠다고 말이다.

도척의 무리들이 도척에게 물었다. "공자의 무리는 도가 있다는데 도둑질에도 도가 있겠습니까?" 도척이 답했다. "어디에든 도가 없겠느냐." 장자는 하다못해 도척까지 성인의 도를 얻어야 도둑질할 수 있다고 말하는 판인데 천하에 성인은 적고 선하지 않은 사람은 많으니 성인이 천하를 이롭게 하는 것은 별로 없고 결과적으로 해롭게 만드는 일만 많다고 한다.

마치 입술이 없으면 이가 시린(순갈즉치한脣竭則齒寒. 성인이 오히려 해로운 것을 막아준 꼴이라는 뜻이다.) 것과 같다. 또는 노나라 술이 묽었는데 되려 조나라가 포위되었듯(초楚나라 선왕宣王이 제후들로부터 조공을 받는데 노魯나라가 늦게사 술을 바치자 초나라 왕이 화를 내고 술맛도 신통치 않음을 탓하였다. 노나라 공공恭公이 화가 나서 그냥 가버렸다. 초나라 왕은 분노해 제齊나라와 함께 노나라를 쳤다. 초나라의 눈치를 보고 있던 양梁나라의 혜왕惠王이 이 틈에 조趙나라 수도를 포위하였다. 다른 고사도 있음.) 성인이 생기니 도둑이 일어나고, 실제와는 다르게 일(성인의 가르침)이 엉뚱한 결과로 천하가 시끄러운 것과 같다고 말한다.

《성인이 죽지 않으면 큰 도둑이 사라지지 않는다. (…) (성인이 천하를 위해) 됫박을 만들어 곡식의 양을 재면 도둑은 됫박까지 훔치고, 저울을 만들어 무게를 재면 저울까지 훔치고, (…) 인의를 만들어 바로잡으려 하면 인의까지 훔친다. (…) 갈고리를 훔친 자는 죽임을 당하지만 나라를 훔친

자는 제후가 된다.》

어떤 나라에서건, 나라를 훔친 자들은 자기들의 행위가 국가와 국민을 위한 일이었다고 말한다. 《왜 세상이 그렇게 되었는가? 명분을 만들어주는 지혜라는 것이 어지러이 말재주나 부리고 인위적 욕망을 좋아하니, 바로 이 때문에 크게 어지러워졌다는 것.》 신랄한 비판이다. 현대에 비한다면, 국가와 국민을 위한다며 정의와 자유 등 온갖 번지르르한 구호를 부르짖지만 달라지는 것은 없고 세상이 시끄럽기만 하다는 염증 같은 것이라 생각해 본다.

《사람들이 밝은 눈을 가지면 천하가 무너지지 않을 것이고 사람들이 바른 소리를 들을 줄 알면 천하를 걱정하지 않아도 될 것이고 사람들이 지혜롭다면 천하가 미혹되지 않을 것이고 사람들이 덕을 간직하면 천하가 궁색하지 않을 것이다.》

나쁜 위정자가 나타나는 것은 그에 빌붙어 호가호위하려는 무리가 있기 마련이고 그들 무리의 선동에 어리석은 국민들이 동조하기 때문이다.

아무리 장자가 지식의 위험성을 이야기해도 일은 엉뚱하게 전개(충직한 사람은 죽고, 나라를 훔치고도 복락을 누리고, 도척 같은 이들이 설치는 등) 되기도 하기에, 현실의 백성들 과반수만이라도 지혜롭게 사태의 본질을 제대로 판단하고 나라의 중심을 잡아줄 수 있어야 한다고 생각해 본다.

온 세상이 미혹되었다

(「천지天地」)

《세 사람이 길을 갈 때 한 사람만 길을 헷갈리면 그래도 가려고 하는 곳에 다다를 수 있으나 두 사람이 헷갈리면 목적지에 이를 수가 없다. 이는 길을 모르는 사람이 이기는 것과 같다. 지금은 온 천하가 미혹되어 있다.》

세속과 하나가 되어 자기가 미혹됨을 알지 못하는 어리석음을 말하는 것이지만, 그 오래전 세태나 지금이나 어찌 이리 같을까. 사람이 사는 모습이 그런 것이리라. 나라가 어지러운 것은 다수 국민 정서가 현혹된 것도 무관하지 않을 것이다. 다수가 일부 몇 사람·그룹의 선동에 휩쓸려 파벌 다툼에 몰려다니는 바람에 국가의 미래를 걱정하게 되었다. 지도자를 선택하고 그로 인한 구설과 다툼이 매번 끊이지 않는다면, 국민도 책임이 없지 않다. 국가와 국민을 위해 책임 있는 이를 선택하지 못한 원인은 결국 국민들 자신이기 때문이다. 누굴 탓하는가.

《세속 사람들은 모두 남들이 자신과 생각이 같은 것만 기뻐하고 남들이 자신과 다른 것은 싫어한다. 그러는 것은 자신이 대중들보다 뛰어나기를 바라서다. 다수가 동조하는 것을 가지고 자기가 들은 것을 정당화하려고 하는 것은 이미 많은 사람들이 가진 것에 스스로 미치지 못한다고 여기기 때문이다.'(「재유」)》

나는, 개인보다 다수가 더 옳을 것이라는 생각으로 대중이 몰려다니는 것(주식, 부동산 같은 예를 보더라도)이라고 생각해 본다. 현대는 자본주의가 득세하는 사회 구조다. 민주·공산 진영이든, 종교나 어떤 이념이 나라를 이끌든 간에 실상은 인간의 의식주의 삶, 경제적 상황이 가장 중요한 것이다. 말은 민주, 자유, 정의, 공동, 분배 등을 표명하지만, 먹고 사는 일 앞에 어떤 가치도 후순위일 수밖에 없다. "바보야, 문제는 경제야"라는 캐치프레이즈로 빌 클린턴은 미국 대통령에 당선되었다. 한참 뒤 국가의 정체성을 구호로 "미국을 다시 위대하게"라고 외친 도널드 트럼프가 대통령에 당선되었지만, 트럼프도 경제적 상황에 지친 소위 '러스트벨트(Rust Belt. 제조업이 몰락하여 장치가 녹슬어

가는 공장지대)' 지역의 지지를 기반으로 한 것이었다.

급격한 기후변화와 함께 환경에 대한 두려움이 현실화되고 있지만 '문제는 경제'다. 인류 다수가 경제를 우선하다 보니 환경에 대비한다는 말은 경제와 대치된다. 트럼프는 탄소보다 석유를 우선했고, 중국은 석탄을 포기할 수 없는 실정이다. 그렇다면 경제가 어려운 나라들은 어떨까? (엉뚱하게 이들 국가가 전 지구적 숙제를 짊어졌다.) 선진국의 환경보호 요구는 이미 탄소 배출을 할 만큼 다해버린 자들의 리그일 뿐이다. 환경은 이미 되돌릴 수 있는 상황은 아닌 것 같다. 앞서 저질러놓은 선진국이 원천적인 책임을 느끼고 도와주어 같이 해결해야 마땅하다.

인류가 공동으로 존속하고자 한다면 전 인류가 나눌만큼 식량은 이미 충분하다는 말이 있다. 재화와 식량이 극소수 인류에게 과다하게 편중되는 것도 문제의 하나다. 지금도 어떤 나라에서는 성장기에 제대로 먹지 못해 중년이 되면서 질병에 시달려 일찍 죽는다고 하는데 선진국은 경제 동력이 떨어지는 다수가 너무 오래 살아 걱정이다. 넘치는 음식과 버려지는 양을 생각하면, 엄청나게 먹는 것으로 대중의 호기심을 받는 모습은 씁쓸하다.

장자는, '훌륭한 말은 대중의 마음에 받아들여지지 않는다. 안 되는 것을 알면서도 억지로 이루려는 것도 미혹'이라고 한다. 그대로 두고 억지로 하지 말라는 것. 이러한 걱정도 다른 사람을 미혹시키는 짓이다. 나병 환자가 아이를 낳자마자 자식도 자길 닮았을까 봐 두려워 얼른 불에 비춰보는 것처럼. ('두려움을 전염시킨다'는 것을 이같이 비유한다.)

장자를 읽으며 드는 생각은 '도, 덕, 대동이 아니더라도 하다못해 인의도 바로 세우지 못하는 것이 인간사회인가? 정말, 현실적인 대안은 없는 것인가?'이다. 어차피 세상은 굴러갈 것이다. 이렇게 흘러가는 것도 연유가 있을 것이고 억지로 막을 수 있는 게 아닐지 모르겠다. '옛날에는 천지자연의 도와 덕이 행해져 근원의 도에 통달하면서 만사가 잘되고 천하도 안정되어 귀신도 감복했다'고 하는데.

《최구崔瞿(가상의 인물이라는 설.)가 노담(노자)에게 물었다. "천하를 다스리지 말라면서 어찌 사람을 착하게 하는가?" 노자는 "그대는 삼가서 사람들의 마음을 흔들지 말라. 사람의 마음은 남을 끌어내리고 자신을 올리려 하는데 위와 아래에 있는 사람들이 서로 죽이려 하고 모질게 해치고 쪼아댄다"고 말한다.(「재유」)》 사람 본성이 그 모양인지라 차라리 선동하지 말라는 뜻인 듯하다.

그럼 우리더러 어쩌라는 것일까? 사실 근원의 지극한 도리가 아니더라도 도는 만물을 두루 포용하는 것이다. 이것이 전체 인류와 지구에 대한 보편적(어느 특정 국가, 특정 인종, 특정 국가가 아닌) 사랑이라고 믿고 무엇이든 해봐야 할 것 같다. 《멀지만 지키지 않을 수 없는 것이 의義이고, 중용을 따라 세상과의 화합을 도모하는 것이 덕德》이기 때문이다.(「재유」) 인류가 반복하듯 투쟁적·배타적 삶을 지속하다 죽는 것도 지겹지 않은가.

본성을 잃게 하는 다섯 가지

(「천지天地」)

본성이란 본래 가지고 있던 성품이다. 본능과는 의미가 다르다. 인간 본성이 무엇인가에 대한 철학적 논쟁은 끝이 없다. 「천지」편에서 태초의 무無로부터 → 사물의 본성까지의 형성 단계를 설명하고 있다. 《태초에 무만 있었고, 일―이 일어나 아직 형체를 이루지는 못했다. 물物이 이로부터 생기니 덕德이라고 한다. 아직 형체가 없는 것이 분화되었고 아직은 구분은 없으니 명命이라고 한다. 이것들이 변화하며 물을 형성하고 만물의 이치가 생겨났다. 이것을 형形이라 한다. 형체가 정신을 가지게 되어 이것을 성性이라 한다》고 하였으니 여기서의 본성은 아직 처음 무로부터 이어진 상태 그대로다. 아직은 인위나 성심成心으로 오염이 되지 않은 상태라 할 수 있다.

본성을 잃는다는 것은 이런 것이다. 《백 년 된 나무를 쪼개서 술통을 만들고 칠하고 장식하는데 깎아낸 나무 조각은 도랑에 버려진다. 술잔은 아름답고 찌꺼기는 그렇지 못하나 둘 다 나무의 본성을 잃어버린 것은 같다. 걸왕(桀), 도척盜跖이나 증삼曾參(공자의 제자)과 사추史鰌(위나라의 충신)는 나름의 의를 행한 것이지만(걸왕·도척은 악행이고 증삼·사추는 선행이니 물론 다르지만) 본성을 잃어버렸다는 점에서는 마찬가지다.》 선과 악이란 분별마저도 본성은 아니었다.

본성을 잃어버리는 경우는 다음의 다섯 가지 유형이 있다고 한다. '첫째, 5색五色(청황적백흑青黃赤白黑)이 눈을 어지럽혀 밝게 보지 못한다.(난목亂目) 둘째, 5성五聲(궁상각치우宮商角徵羽)은 귀를 어지럽혀 밝게 듣지 못한다.(난이亂耳) 셋째, 5취五臭(전훈향성부擅薰香腥腐)는 사람의 코를 막히게 하고 머리 아프게 한다.(훈비薰鼻) 넷째, 5미五味(감함산신고甘鹹酸辛苦)는 입맛을 흐리게 하여 입을 병들고 어긋나게 한다.(탁구濁口) 다섯째, 취사선택取捨選擇의 판단은 마음을 어지럽혀 본성을 엉뚱한 데로 치닫게 한다.(활심滑心) 이것들은 생명을 해친다.

본성을 잃는 이유는 우리의 감각과 마음 때문이다. 이것은 불교에서 말하는 번뇌의 근원이라는 안이비설신의眼耳鼻舌身意라는 인체의 감각기관·의식을 통한 색성향미촉법色聲香味觸法의 감각과 (나라는 존재가 가지는) 감정에 대한 설명과 유사하다. 감각·감정에 본성이 덮여버린 것이다. 그러므로 새장 속의 새나 울타리에 갇힌 호랑이처럼 뜻을 잃고 자유를 빼앗긴 것이라 할 수 있다. 그렇다면 어찌하면 좋을까? 『장자』를 보고 당혹스러운 것은 내 삶의 고통을 벗어날 해결 방법이란 게 비우고, 억지로 하지 말고, 순리대로 자연스럽게 살라고 하는 것이다. 인간이 유대의 삶에서 그렇게 초연해지는 게 쉬운가 말이다. 그러니 장자는 우리 생을 여기서 일회용으로 끝내지 말고 마음의 고통이 사라지는 대자유의 세상이 있으니 그걸 바라보고 살라는 것. "나는 분명 그것이 참임을 분명히 알고 있다"면서 지금처럼 살면 안 된다고 말한다. 감각과 욕망으로부터(외물) 벗어나라는 것.

《마음을 어지럽히는 것들을 없애고, 마음의 속박을 풀며, 타고난 도와 덕을 방해하는 것들을 버려야 할 것이다. 부귀, 출세, 권세, 명성, 이익을 추구하는 것은 사람들의 마음을 어지럽게 하는 것이고, 용모, 행동, 표정, 찰색, 생기, 정욕은 사람들의 마음을 속박하는 것이고, 증오, 욕망, 기쁨, 분노, 비애, 즐거움은 타고난 덕을 얽매는 것이고, 나아가고 물러남, 거두고 베푸는 것, 지혜, 재능은 근원인 도를 막는 것이다. 이것들이 마음속에서 동요하지 않으면 올바르게 되고, 올바르면 고요함을 지키게 되고, 고요함을 지키면 깨달음이 밝아지고 분명해지면 마음을 비울 수 있어 억지로 하지 않아도 모든 것이 이루어진다.(「경상초」)》

정신의 지극한 경지에 오르려는 수고의 도정에는 삶의 모든 문제로 인한 고통이 줄어들어 결국은 그 고통 자체가 없어진다는 말이다.

보는 것과 듣는 것만으로는 실상을 알 수 없다

(「천도天道」)

《세상 사람들이 도를 귀하게 여기는 것은 책에서 배우기 때문이다. 그러나 책은 말에 불과하다. 말에는 전하고자 하는 뜻이 있을 것이다. 그러나 그 뜻을 따르고자 하는 귀중한 무엇인가는 말로 전할 수가 없다. 눈으로 보는 모양과 색깔, 귀로 듣는 이름과 소리만으로는 도의 실정實情을 알기에는 부족하다.》 따르고자 하는 귀중한 진실(도)은 말과 글로써 알 수 있는 것이 아니라는 것이다.

여기에서 귀중한 진실이라는 것의 예로써, 바퀴를 다루는 기술자 윤편輪扁(수레바퀴를 만드는 편이라는 이름의 기술자라고 함.)이 환공桓公(춘추시대 제齊나라 환공이라는 설.)에게 하는 말로 비유하고 있다. "군주께서 읽고 있는 책은 무엇입니까?" 묻자 환공은 "성인의 말씀이다"고 말하였다. "그 성인은 지금 살아 있습니까?" 다시 윤편이 묻자 환공은 "이미 죽었다"고 한다. 윤편은 "지금 군주께서 읽으시는 성인은 이미 죽은 사람으로 성인의 책은 옛사람의 찌꺼기일 것입니다"라고 하였다. 환공이 화를 내며 "어찌 (한낱 기술자인) 네가 과인의 글을 논하는가? 사유를 제대로 대지 못하면 죽으리라" 하였다. 윤편은, "신은 수레바퀴를 깎는데 너무 헐겁지도 않고 너무 끼지도 않게끔 손이 터득하고 마음이 응하여 해냅니다. 이 기술은 아들에게 (말과 글로) 물려줄 수 없습니다. 옛사람도 전할 수 없는 것을 간직한 채로 죽었을 것입니다." 이렇듯 깨달아 사물을 대하여 마음으로 습득하는 기술은 말·지식으로 전해 받을 수 있는 것이 아니라는 뜻이다.

윤편의 말에 덧붙여, 도의 실체를 말과 글로 전하고 알 수 없다는 의미를 이렇게 이야기해 보고 싶다. '우리가 자동차 운전면허를 취득하기 위해 운전학원에 갔을 때 강사가 처음 말로 운전하는 방법을 설명하면 배우는 사람은 그것을 지식으로 일단 이해할 수 있다. "브레이크를 밟고 시동을 건 다음, 핸들을 양손으로 쥐고 발로 엑셀을 밟아 전방을 주시하며 조금씩 움직여 가면 된다"는 것은 분명 지식으로 전할 수 있는 것이다. 하지만 자동차를 능숙하게 운전하는 기술의 습득 그 본질은 지식이나 말과 다르다고 할 것이다.' 도道도 체득 없이는 절감하지 못할뿐더러 그 진실을 정확히 보지 못하는 것이다.

《도는 말이나 글로 한정할 수 없는 것이고, 천지는 큰 것 중의 큰 것이다.》「추수秋水」편에서 북해약이 하백에게 이에 대해 말하고 있다. '우물 안 개구리가 바다를 말해봐야 알지 못하는 것과 같다. 온갖 물이 바다로 흘러드는데 홍수나 가뭄에도 바다의 변화를 알 수 없다. 만물은 무한하고 시간은 영원하므로 큰 도를 앎으로써 삶을 기뻐하지도 죽음을 화禍라고 생각하지도 않는다. 작은 것으로 큰 것을 보면 전체를 볼 수 없고, 큰 것으로 작은 것을 보면 분명하게 보이지 않는다. 지극히 작은 것으로 지극히 큰 것을 궁구하므로 미혹된다. 말로 설명할 수 있는 것은 큰 것들이고 마음으로 이해할 수 있는 것은 작은 것이다. 말이나 마음으로 설명하거나 이해할 수 없는 것은 크다 작다를 초월하는 것이다.'

『장자』에서 도에 대한 표현은 다음과 같다.

· 도는 본시 경계가 있지 않았다.(「제물론」)
· 큰 도는 일컬어지지 않는다.(「제물론」)
· 도가 밝게 드러나면 도답지 않다.(「제물론」)
· 도는 운행함으로써 이루어진 것.(「제물론」)
· 시비가 밝아짐으로써 도가 훼손되었다.(「제물론」)
· 도란 잡스럽지 않고 순수함을 바란다.(「인간세」)
· 도는 비운 마음에 깃든다.(「인간세」)
· 도는 모습을 부여했다.(「덕충부」)
· 도는 실정이라 자연적으로 작용하며 감각으로 알 수 없다(無形). 전해 줄 수는 있지만 받을 수는 없다. 체득할 수는 있지만 볼 수는 없다. 스스로 근본이고 뿌리이며 천지가 있기 전부터 있었다. 천지를 낳았다.(「대종사」)
· 도를 통달해 외물을 잊고 삶을 잊고 무엇에도 의지하지 않고 고금이 없어지고 죽음도 삶도 없는 경지에 이르렀다.(「대종사」)
· 지극한 도의 정기는 깊고 멀고 그 끝은 아득하고 고요하다. 눈으로 볼 수 없고 귀로 들을 수 없다.(「재유」)
· 만물을 두루 덮고 짊어진다.(「천지」)
· 도에 따르는 것이 비備(완전히 갖추어진)다.(「천지」)

- 허정虛靜, 염담恬淡(고요하고 담박함), 적막寂寞, 무위無爲는 천지의 평안함이요 도덕의 지극함이다.(「천도」)
- 도는 크고 끝이 없으며 작아도 놓치는 것이 없다. (「천도」)
- 도를 남에게 줄 수 있다면 어찌 자손에게 물려주지 않을까. 그러나 불가능하다. 마음에 주체가 없으면 흔들리고 밖으로 바르지 않으면 행할 수 없다.(「천운」)
- 순수하여 잡스럽지 않고 고요하고 한결같아 변하지 않으면 편안하고 무위하되 하늘을 따라 움직인다. 이것을 정신을 보양하는 도라 한다.(「각의」)
- 도의 입장에서 보면 사물에는 귀천이 없다.(「추수」)
- 도를 이룬 자는 만물의 천변만화에서 해방된 것이다.(「전자방」)
- 도는 없는 곳이 없다. 개미, 돌피, 기왓장, 똥과 오줌에도 있다.(「지북유」)
- 알지 못한다고 하는 것은 도를 깊이 체득했기 때문이고 안다고 하는 것은 도를 얕게 알고 있기 때문이다. 도는 귀로 들을 수 없다. 들었으면 도가 아니다. 도는 눈으로 볼 수 없다. 볼 수 있는 도가 아니다. 도는 입으로 말할 수 없다. 말은 도가 아니다. 도는 이름을 붙일 수 없다. 도를 물었을 때 대답하는 자는 도를 모른다. 도는 답할 수도 없다. 물을 수 없는 것을 묻는 것은 끝을 묻는 것이고 대답할 수 없

는 것을 답하는 것은 내면에 도가 없는 것이다. (「지북유」)
- 천지는 형체 있는 것 중에 가장 크고 음양은 기氣 가운데 가장 큰 것이다. 도가 이들에게 두루 걸쳐있다.(「칙양則陽」)

장자가 사용했던 이런 비유나 표현은 BC355? ~ 275?년으로 추정되는 장자의 생애 시대에(또는 그 후학들의 덧붙인 사상이 『장자』로 편입되던 시기를 포함해서도) 당대의 사람들에게 쉽지 않은 차원의 경지를 이야기하는 것이었을 터다. 이런 것을 말로 하자니, 장자의 표현 방식이 이해되기도 한다. 생존에 허덕이는 대중의 삶이나 지도층의 무지와 편견이 가장 큰 장애였을 것이다. 장자의 친구 같았던 혜시와도 논쟁을 했으니까. 그러나 상당한 과학적 상식을 갖춘 현대의 우리는 추측할 수 있다. 크기를 초월하는 것은 광막한 우주와 같고, 눈으로 볼 수 없는 세계는 미시적인 소립자의 영역이라고 할 것이다.

나는 도가 전혀 납득하기 어려운 것이 아니기를 바라고 있다. 거시적이고 미시적인 것들로부터 우리는 형성되고 해체되면서 순환하며 존재해 왔다. '형체는 도가 아니면 태어나지 못했고, 생명은 덕이 아니면 드러나지 못했다'(「천지」)는 말 그대로다. 무지無知는 현재의 시공에 국한되어 몸을 유지하고 정신이 휘둘려서 실정을 외면하기 때문이다. 《옛사람들은 물物이 있기 이전의 도의 경지와 경계가 있기 전의 세계를 아는, 지혜가 지극한 곳에 있었다고 하는데(「제물론」) 지금의 세상은 도를 잃고 도는 세상을 잃어버렸다.(「선성」)》 장자는 옛사람은 지혜가 지극한 곳에 이르렀다고 한다. 그 옛사람은 '사물이 있기 이전의 경지에 통했거나(지식으로 아는 것이 아닌), 사물이 있지만 경계가 있기 전의 경지에 통했거나, 그리고 경계는 있었어도 시비가 없었던 경지에 통했던'(「제물론」) 도를 체득한 사람이었다.

『장자』를 읽으면서 아쉬운 마음 한구석은 "장자의 (존재론적) 도는 존재론적인 의미는 있으나 우리의 삶에서 고통과 오류가 왜 생기는지를 설명할 수가 없다. 만약 도가 세계에 대한 철저한 규정의 원리라면 실존적 고통과 오류마저도 규정할 수 있어야 한다.(*강신주)"와 같은 것이다.

나는 도와 현실의 오류를 이렇게 이해하고 싶다. 도가 이루어 놓은 천지자연 속에서 개별적인 책임을 일으키는 변화의 동력은 인간 개개인의 몫이다. 몸과 정신에 한정되는 주체는 개인의 마음(성심成心)이다. 이것이 고통과 오류를 일으키고 있다는 말이다. 공자가 안회에게 그것을 말하고 있다. "도는 난잡한 것을 바라지 않는다. 깨끗해야 한다. 난잡하게 다른 것이 섞이면 마음이 분열되고 근심이 생기게 된다. 먼저 자기 안에 도를 보존해야 한다. 이기적인 마음을 기준으로 하면 도는 보이지 않는다. 도는 오직 마음을 비우는 것에서 드러난다. 마음을 비우는 것이 마음을 재계齋戒하는 것이다." 안회는 "아직 마음을 재계(심재心齋)하지 않았을 때는 제가 있었는데 마음을 재계한 뒤에는 아예 안회가 있지 않게 되었습니다. 이 정도면 마음을 비웠다고 말할 수 있겠습니까?"라고 하였고 공자는 "(그 정도면) 극진하구나(거기에 다다른 것이라)"라고 하였다.(「인간세」)

거울(또는 유리)에 때(이기적인 마음 또는 개인적인 감정의 흔적이 남은 것)가 끼지 않았다면 사물(도)이 그대로 비추었을 텐데, 때가 끼어가면서 비치는 상이

점차 불투명해지고 왜곡된다는 것으로 예를 들어 볼 수 있다. 나라는 존재를 인식하지 못하는 경지까지 깨끗이 마음을 비우는 것(닦아내는 것)이 도를 아는 방법이다. 마음을 조신하게 하고 경건히 하며 감정을 가라앉힌다는 뜻이 아니다. 공자도 그런 건 제사를 지낼 때나 갖는 마음가짐이라 한다. 아예 감각, 감정의 흔적이 남지 않아야 한다는 말이다. 원래 도는 순수했기에 개인적인 마음(성심)으로 인한 세상의 고통과 오류와는 상관없는 것이다. 이는 각자의 책임이다. 그것이 개인의 운명을 낳는다. 세상은 그런 개별 마음의 총합이 만들어낸 상이라 할 수 있다. 인류 개인의 마음들이 혼란하면 세상도 혼란해지는 것이다.

누가 천·지·일·월을 움직이는가

(「천운天運」)

『장자』에서 천天이란 문자로 시작하고 있는 세 개의 편, 「천지天地」, 「천도天道」, 「천운天運」은 도道를 대신하는 말로 도가 펼쳐진 세상인 '천'으로써 시작하고 있다. (잡편雜篇에 있는 「천하天下」의 내용은 앞의 세 편과는 달리 고대 중국 '천하'에 알려진 도와 관련된 사상의 소개라고 할 수 있다.)

천은 무엇인가? '천지는 큼(대大), 넓음(광廣), 완전함(전소), 무궁함 등의 개념과 얽혀있는 것으로서 우주 전체를 지칭하며 일체 만물은 모두 그 속에 포괄될 수밖에 없는 광대실비廣大悉備(모든 것을 고루 갖춘)의 존재'임을 말한다. 이 광대실비의 천지를 성립·유지·전개시키는 천지정신이 도다. 천지가 몸이라면 정신은 마음에 해당한다. 도가 가진 본질적인 성향은 자연이다. 왜 자연인가? 시켜서 그러한 것이 아니고 스스로 그러한 것이다.(*이강수) '천하에는 항상 그대로인 것(본성 그대로인)이 있다.'(「변무」) 그래서 상자연常自然이다.

'천지는 광대하나 이는 만물에 균등均等하다'거나, '무위로 행하는 것을 천'이라고 「천지」편에서는 설명한다. 「천도」편은 '끊임없이 운행하여 잠시나마 멈추는 법이 없다'는 말로 시작되고, 「천운」은 천天지地일日월月에 누가 질서를 부여하는가? 라며 천지자연이 운행하는 심오한 이치를 말하고 있다. 장자와 장자의 후학들은 왜 도에 몰두하였을까? 공자의 치세와 인의, 묵자의 '민중의 삶을 위한 실용적인 실행 방안'과 같은 것이 아닌 정신적으로 추구하는 지극한 도의 경지를 왜 중요하게 탐색하고 설하였을까?

'천하는 자연적으로 이루어져 왔고 그것이 생성된 원인은 모른다.'(「변무」) 그에 대한 해답을 찾기 위한 탐구가 구도求道이거나, 종교이거나 과학이다. 세상 만물(우주 내의 모든 것)이 어떻게 만들어져서 이 세상(우주)이 어떤 방식으로 유지되고 있는가, 라는 주제는 도가인 노장만을 주축으로 하는 근본 원리에 대한 철학은 아니었다. 양자물리학이나, 우주에 대한 탐구는 중세 이후 서양 과학자들도 연구해 온 사유 대상이기도 하였다. (동양에서도 천문을 살펴 인간 삶에 비추어보는 것은 매우 중요하였다.)

현대에 이르러서는 「양자물리학」, 「천체물리학」이라는 분야가 물질의 생성, 우주 운행의 규칙 등 여러 의문에 대하여 상당히 유용한 답을 추측하게 해줄 정도의 수준에 이르렀다고 본다. '빅뱅으로 우주가 시작되었다'는 것이 현재의 과학적 결론이다. '원인 없는 결과가 없다'는 것과 '모든 것은 변한다'는 것이 동서양에 걸친 아주 명확한 우주에 관한 진실일 것이다.

삶의 도정에 위치한 우리 인간들이 도道와 천天을 바라볼 수밖에 없는 상황은 현실에 기반을 둔다. 많은 것을 소유하고 누리면서 현실의 고충이 거의 없더라도, 죽음 앞에선 예외일 수 없기에 인간은 기본적으로 철학적일 수밖에 없다. 왜 태어나서 죽어야 하는가?는 누구에게나 의문일 것이다. 우리 인간들이 삶에서 겪는 다사다난한 사건들에 대한 해결 방안을 현실에서 찾지 못하면 현실을 초월하는 대상을 추구·추종하기 마련이다. 의지가 약해졌을 때 암담한 상황이 닥쳐오면 도피를 생각하게 된다. 도피라는 것은 한시적이므로 부딪쳐 해결을 모색하지 않으면 문제가 사라지는 것은 아니다. (마음 한편에서는 우선 외면하고 싶어지지만) 죽을힘을 다해 버텨내고 이겨내면 보람도 있겠지만 그것이 나를 강하게 한 것 같은 착각이 아니었을까, 하는 생각이 들기도 한다. 개인적인 경험에도 살아오면서 받은 심리적 압박의 상처는 완전히 치유된 것은 아니었음을 알게 되었다. 아주 조금이라도 장자에 대한 공감이 있다면 정신의 자유에 대한 홀연한 깨달음 때문이었다고 생각한다. 물론 장자가 의지박약하여 현실의 어려움 속에서 초월적인 것에 집착하였다는 뜻은 아니다.

지구라는 공간만으로 국한해 봐도 생명을 가진 것은 다른 존재로부터 에너지를 취해야만 형체(육체)의 존속이 이어진다는 것이 난감한 숙명이기도 하다. 태어남의 순간은 기억에 없으나 살면서 겪는 여러 수고와 파란은 필연적으로 갈등과 고통을 만들어낸다. 빈부와 귀천의 차별 없이 반드시 맞이하게 되는 죽음이 두려운 가장 큰 이유는 죽어가는 과정의 대부분이 몸이 자유롭지 못하고 고통스럽기 때문이다. (죽음의 순간까지 의식이 살아있을 때만 해당한다. 의식하지 못하고 죽음을 맞거나, 의식이 있어도 고통은 없을 수 있다.)

세속世俗이상의 의미와 가치를 찾아가는 구도자는 의외로 많다. '도를 깨달음'은 불가능한 경지가 아님을 예수님과 석가모니 부처님이 이미 말씀해 주셨다. 그분들의 가르침을 거짓이라고 믿지 않는다면, 장자의 도는 의미가 넘치고도 남는다. 성인, 선각자, 선사들도 도에 대한 실마리를 주었다. 과학적으로 밝혀져 가는 우주의 신비에 대한 논의를 예외로 해도 그렇다. 인간이 지구에 나타난 이후 비록 짧은 기간이지만 지극한 도로부터 비롯된 환경과 법칙 속에서 우리도 생명을 존속해 왔다.

도를 말하거나, 영적인 스승들이 말하는 근원의 세계나 예수님이 설하신 하늘나라 등 영원한 고향이라 유추되는 세상은 영역, 시비, 분별, 이름, 투쟁 따위는 의미조차 없을 것이다. 그래서 몸뚱이를 잊고, 육체에 붙들린 감각으로 인한 감정의 응어리를 지혜롭게 소멸하여 성장해야 한다는 것이 성인이나 영적 스승들의 가르침이었다. 나는 예수님의 '마음이 가난한 자'를 장자의 허심虛心으로 받아들인다. 천수경千手經의 한 구절 속에 유의할만한 허심에 대한 표현이 있다. '죄罪란 스스로의 본성이 있는 것이 아니라(무자성無自性). 그것은 마음 따라 생겨난 것이다. 죄라는 의식을 없애고 마음을 소멸하면(죄망심멸罪忘心滅) 진실로 참회한 것이라는 것.' 모든 것은 마음에서 비롯되었고 또 마음으로 해결할 수 있다. 장자도 그러한 맥락이라고 나는 생각한다. 불교에 힌두교의 교리가 섞여 들었듯, 도가의 사상도 일부 공유한다는 주장에 공감한다.

장자가 시끄러운 세상에, 귀담아들어 주지도 않는 도를 왜 이야기하는지에 대한 나의 단순한 생각은 이렇다. 대충 살다 가도 탓할 사람 없지만, 우리의 근원인 도를 체득하고자 또는 체득하지 못하더라도 이해정도는 하고자 하는 수고 속에서 인간의 삶은 더욱 인간답게 진행될 수 있다는 것.

내 운명은 하늘이 결정하겠지

(「추수秋水」)

《공자가 광匡이란 곳에서 유세할 때 군사들에게 포위당한 적이 있었다. 그러나 공자는 태평하게 비파를 타고 노래를 불렀다. 자로가 "선생님은 어찌 그리 편안하십니까?" 물으니 공자는 "내가 궁핍함을 꺼렸지만 벗어나지 못한 것도 운명이며 형통하기를 바랐지만 뜻을 얻지 못한 것도 시기를 얻지 못한 것이다. 곤궁함이 운명임을 알고 형통함은 시세時勢임을 알아 난관에도 두려워하지 않는 것은 성인의 용기이리라. 내 운명은 하늘이 결정하겠지"라고 답한다.》

공자의 인의를 자주 비난하는 『장자』에서 이러한 이야기를 끌어온 의도가 무엇이었든, 제자들과 유세를 다녔어도 뜻을 펼칠 기회가 극히 적었던 탓에 궁핍함과 곤란을 자주 겪었던 공자의 초연함이 느껴진다. 나 역시 운명이 무엇인지 많은 시간을 모색해 왔던바, 한 인간의 인생을 끌어가는 알 수 없는 힘을 무시하기가 어려워진다. 자유의지를 가지고 '운명을 개척한다'는 주장에 대해, 그것마저도 운명이 아니었던가 생각하게 된다. 어떤 결정적 상황에 대해 단순한 우연이라고 보기엔 다양한 변수의 전개가 우리를 몰아붙이고 있는 것 같다. 삶을 살아가는 인간으로서의 한계는 모든 것에서 시시때때로 좌절하게 만들고 있다.

공자가 진陳나라와 채蔡나라 사이에서 궁지에 몰려 7일을 따뜻한 밥도 먹지 못했다. 그 와중에 공자가 나뭇가지를 두드리며 노래를 부르다가 안회가 자기를 살펴보고 있기에, 안회가 스승을 걱정하여 슬픔에 빠질까 봐 공자는 말했다. "자연의 재난에 영향을 받지 않는 것보다 사람의 이익에 영향을 받지 않기가 더 어렵구나." 자연의 재난이란 굶주림, 물에 빠져 죽는 것, 춥고 더운 것, 곤궁함에 빠져 오지도 가지도 못하는 것으로써 지금의 상황도 천지가 행하는 것이고 사물의 운행하는 현상이다. (그러니 사람이 어쩔 수 없구나!) 안회가 "그렇다면 사람의 이익에 영향을 받지 않기가 어렵다는 것은 무엇입니까?"라고 물었다. 공자는 "만약 등용되면 나아갈 때 거침이 없고 벼슬과 녹봉으로 인해 곤궁하지 않게 되겠지. 그러나 이

것은 외물로 인한 이로움이므로 진정한 나 자신을 위해 이룬 것이 아니니 나의 목숨이 외물에 달린 것이다. 군자와 현인은 도둑질하지 않는다고 했는데 내가 그것을 가진다면 어찌겠느냐? 영리한 제비는 물고가던 열매를 떨어뜨려도 (사람을 두려워해 다시 줍지 않고) 버리고 그냥 가고 마땅한 처소에만 거처한다. 그러면서 인간 속에 들어와 산다"고 말한다.(「산목」) 제비처럼 인간 세상을 떠날 수 없는(이익·외물을 누리다가도 곤궁에 처할 수도 있으니) 지금의 처지를 슬퍼하지 말라는 것이다.

조趙나라의 명가名家(서양의 소피스트와 비슷하게 기발한 변론을 업으로 삼는 유파) 공손룡公孫龍이 위나라 공자公子 모牟에게 물었다. "나는 백가의 지혜를 비판하고 변론에 통달했다고 생각하는데 장자의 말을 듣고 망연해졌소. 장자의 도란 무엇이오?" 모는 말했다. "우물 안 개구리는 뛰어올라 난간에 닿기도 하는 등 장구벌레와 게와 올챙이와는 다른 자신의 능력을 자랑하였다. 동해의 자라가 개구리에게 말하기를, 바다는 천 리보다 멀어 크기를 잴 수 없고 천 길 높이로도 그 깊이를 다다를 수 없다고 말하였다네." 모는 덧붙여 "그 시비의 경계를 알지도 못하는 주제에 장자를 알려 하다니. 모기에게 산을 짊어지라고 하고 노래기에게 황하를 건너라는 것과 같아서 감당하지 못할 것"이라고 말하였다. 도를 알고자 하고 운명을 짐작하는 것은 꼭 그런 듯하다.

혜자가 양나라 재상으로 있을 때 장자가 찾아가자 혜자는 재상의 자리를 빼앗길까 봐(어떤 이가 혜자에게 '장자가 재상 자리를 차지할 것'이라 말했기에) 걱정하였다. 장자는 "남방에 원추라는 봉황새가 있어 남해에서 북해까지 날아가는데 오동나무가 아니면 앉지 않고 대나무 열매만 먹고 단 샘물이 아니면 마시지 않는다네. 이때 올빼미가 썩은 쥐를 얻었는데 원추가 그 곁을 지나가자 썩은 쥐를 빼앗길까 봐 꽥꽥 소리를 질렀지. 그대는 재상 자리 욕심에 나를 보고 올빼미처럼 꽥꽥 소리치는가"라고 신랄하게 말했다. 빈정댔을 장자의 모습이 연상되어 정감이 생긴다.

한정된 자리를 권력자의 마음에 들어야 한다는 유일한 조건으로 평가받던 시절, 지금 생각하면 하찮은 자리라도 오르려고 온갖 아부를 하던 무리들에 뒤섞여 경쟁이 치였던바, 극심한 스트레스를 받았었다. '아부도 능력'이라는 말에는 동의한다. 그것은 웬만해선 갖추기 어려운 정말 고도의 숙련된 능력이었다. 권력자는 그런 것에 취하고 자만하면서 오직 최고의 아부 능력자만 바라보고 나머지는 투명 인간처럼 여겼다. 직접 해악을 끼치지 않았어도 그런 짓 자체가 매우 큰 악업을 짓는 것이라고 나는 생각한다.

장자처럼 "죽어서 유골이 사당에 모셔지는 거북이보다 차라리 살아서 흙탕물에 꼬리를 끄는 거북이 되겠소", 라는 심정으로 배짱으로 유혹을 내팽개칠 수 있으면 더할 나위 없는 복이겠지만, 비참함을 알면서도 운명과 밥벌이에 굴복해야 하는 것은 뭐란 말인가. 공자처럼 마음을 놔버리거나 장자처럼 초월할 수가 없으니 이게 무슨 업보인가 싶다. 주류에 끼지 못함에 방황하던 때 현실을 벗어난 이상적 도의 세계를 꿈꾸는 아웃사이더가 되어버렸다. 허약한 몸뚱어리로 인해 이 세상의 온갖 물질적 한계에 발목이 잡혀버렸지만 정신은 경계를 넘어서고 싶다는 간절함 바람이 자격지심을 감춰주기를 기대하면서.

유골이 되지 않고 살아서 숨을 쉬고자 하는 것은 엄청난 용기와 희생을 요구한다. 모든 것은 '때가 있다'는 말이 간혹 절실해진다. 세상일이나 한 개인의 삶에서 아무리 발버둥 쳐봐도 이뤄지지 않다가 어느 시기에 이르러 전환되는 것을 자주 본다. 시간이 약이다.

지극한 안락은 없는 것일까

(「지락至樂」)

《사람들이 좋아하는 것은 부귀와 장수와 명예다. 즐거움이란 맛있는 음식, 아름다운 옷, 예쁜 여자, 음악이다. 싫어하는 것은 가난, 천대, 요절, 악명이다. 괴로워하는 것은 몸이 안일을 얻지 못하는 것이다. 사람이 살아가는 것은 근심과 더불어 살아가는 것이다. 오래 사는 것은 눈이 어두워지고 정신이 혼미하여 오랫동안 근심하고 죽지 않으니 얼마나 괴로운가?》

당시에나 지금이나 사람이 바라고 피하고 싶은 것은 같다. 누구에게나 감추고 싶은 아픈 구석이 있으며, 외물에 기대는 사람의 삶은 항상 부족하다. 상당한 재산을 모으고 살만한 사람인데도 주변과 비교하여 끝없이 욕심을 부리는 모습을 본다. 만족의 끝이 어디인지 알 수가 없다.

장자의 부인이 죽어 혜자가 문상을 갔다. 장자가 항아리를 두드리며 노래를 부르고 있었다. 혜자가

"너무 심한 것 아니오"라고 하니 장자는 "나라고 어찌 슬프지 않겠소? 아내의 시원始原을 살펴보니 본래 생명이란 없었고, 무엇인가 변해 기氣가 생겼고 그 기가 변해 형체가 생기고 생명이 생겼소. 내가 소리를 지르며 우는 것은 천명을 모르는 것이라고 생각했소." 이런 것은 도를 체득한 각자覺者의 세속 내에서의 생사에 초연해지는 모습이라고 할 수 있다.

이제는 죽음마저 큰 근심이다. 죽음을 앞둔다고 상상해 보자. 죽음이 실감 나게 느껴지면 집착하던 현실의 상황이 다 무슨 소용이랴? 그러니 죽음을 앞둔 내게는 불사의 도인들 소용이 없어진다. 몸뚱이의 기능은 세월에 정확히 반비례한다. 장자의 '작은 두려움에도 벌벌 떨고 큰 공포에는 정신을 잃는다.'(「제물론」)는 상황이 현재 우리나라의 아주 긴 장수長壽와 함께 노년의 죽음을 대면하는 상황이기도 하다. 우리나라의 세계적인 대기업을 일군 모某 회장이 죽음을 앞두고 어느 성직자와 나눈 얘기는 소박하기만 했었다. 돈과 명예가 그렇게 중요할까? 라고 그들은 말한다. 그래도 앞으로 남은 시간의 자유에 대해서는 돈이 오히려 중요한 기능을 한다고 아직은 나 역시 생각하고 있다.

생명 있는 모든 것은 결국 죽는다. 죽음이 과연 불리한 것일까? '예'라는 지역의 관문關門지기의 딸인 여희麗姬는 미모美貌 때문에 진나라에 끌려가며 밤낮을 울었다. 나중에 후궁이 되고 왕비에까지 올라 잘 먹고 잘살게 되니 그때 운 것을 후회하였다. "마치 죽음 이후가 그렇다면 어찌 알겠는가"라고 장자는 묻는다. 삶과 죽음이 꿈만 같다면서 기뻐하고 싫어할 것이 하나도 없다고 말한다.

《노담이 죽자 친구 진일秦失이 조문을 가서 곡만 세 번 하고 나와버렸다. 제자가 (그렇게 형식적으로 조문하고 나와 버린) 이유를 물었다. 진일은, "상가의 나이 든 사람들과 젊은이들이 자식이나 부모를 잃은 것처럼 곡을 하고 있으니(노담이 평소에 말한 바와 달리 그렇게 도가 아닌 형식에 따르도록 한 것 아니냐며), 옛사람은 이는 천리(자연)를 따르지 않는 죄라고 했다. 그가 태어난 것은 때가 그랬던 것이고 죽은 것도 순리인 것이지. 때를 편안히 받아들여 순응하면 슬픔과 기쁨 따위는 없는 것이다"라고

말했다.(「양생주」)》

죽음을 맞이하는 마음에 대해, 로마의 정치가 키케로는 매우 현실적인 조언(발상의 전환)을 한다. 어쩔 수 없이 체력과 장기臟器의 기능이 떨어지지만 노년기의 원숙함으로 할 수 있는 힘(육체적 힘이 아닌)이 반대로 균형적으로 발달하는 것이라고. 정념에 대한 것도 "만족할 줄 모르는 욕망은 인간을 맹목적으로 부추기므로, 해서는 안 될 것을 하지 못하게 하는 노년에 감사해야 한다"고 했다. 또, "만약 죽음이 영혼을 아주 없애버린다면 죽음은 확실히 무시되어야 하고, 만약 죽음이 영혼을 영생하는 곳으로 이끈다면 오히려 죽음은 열망되어야 한다"고 말했다. "내가 죽음에 서서히 다가가는 건 마치 오랜 항해를 끝내고 마침내 육지를 바라보며 항구에 들어서는 것과 같게 생각하자"고 한다.(*키케로, 『노년에 관하여』)

세상 돌아가는 이치를 안다면 도통했다고 하겠지만 여전히 오리무중五里霧中이다. 인생의 지극한 안락에 대해 장자가 말한 도의 경지는 그만두고라도 어렵게 생각하지 말고 현실적으로 인간답게 생각해 보자. 애플을 창업한 스티브 잡스는 이렇게 말했다. "내가 곧 죽으리라는 것을 인지하며 사는 것은 인생에서 중요한 선택을 할 수 있도록 도와주는 가장 중요한 수단이다."(*로라조, 『스티브 잡스 명언 50』) 비록 유한한 인생이지만 가치를 찾아가는 노력, 우선은 그것이 우리가 할 수 있는 최선의 즐거움이다.

장자가 초楚나라로 가다가 해골을 보며 "그대는 생을 탐하다 도리를 잃고 그리되었는지, 나라가 망해서 그리된 것인지, 수치로 인해 자살한 것인지, 추위와 배고픔에 그리된 것인지, 나이가 들어 죽은 것인지" 물었다. 해골이 꿈에 나타나 "나는 (눈치를 보며) 모셔야 할 군주도 없고 (힘들게 춥고 더운) 계절을 지내야 하는 고생도 없고 자연을 따라 세월을 보내니 왕의 즐거움도 이보다 못할 것이오"라고 하는데 장자가 그 말을 믿지 못하자, 해골은 "그대가 죽었는데 염라대왕이 다시 살려 보내준다면 그리하겠소?" 구태여 "왕보다 더한 지금의 즐거움을 두고 인간으로서의 노고를 반복하겠소?"라고 반문했다.

인간으로 반복하는 삶을 즐겁다고 할 것인가? 회의감이 생긴다. 다시 돌아오고 싶은 삶이었던가? 선택해야 한다면 한참을 망설일 것 같다. 이젠 과거는 아무 의미도 없고, 남은 날이 죽음에 대면해서 또는 죽은 뒤보다 중요해야 할 것인즉 다시 반복한다고 크게 달라질 것은 무엇인가? 실은 많이 생각할 필요도 없다.

생명이 찾아오는 것을 막을 수 없고, 가는 것을 멈출 수 없다

(「달생達生」)

《생명生命의 실정實情에 통한 사람은 억지로 할 수 없는 삶을 위해 애쓰지 않고, 운명의 실상實相을 달관하는 사람은 구태여 어찌할 수 없는 명命을 벗어나기 위해 힘쓰지 않는다. 생명을 보전하기 위해서는 반드시 물질이 필요하지만 물질이 넉넉함에도 육체가 유지되지 않거나 목숨을 잃는 경우가 있다. 생명이란 찾아오는 것을 물리칠 수 없으며 가는 것을 멈추게 할 수 없는 것이다. 슬프다.》

길가의 해골도 제왕보다 즐겁다고 하는데, 생명을 가지고 온 것이 축복이라고 생각해야 할까? 생명이 존재하기 위해서는 사는 동안은 몸뚱어리가 온전히 유지되어야 하고, 그 조건은 외부의 사물(외물)을 취하는 것이 필연적이다. 여기서 외물이란 의식주를 갖추기 위한 조건이다. 사실 인간 삶의 모든 기본적인 외부 조건이 그것이다. 욕망이나 명예 등 비물질적인 것도 의식주를 위한 보조적 요건일 뿐이다. 물질을 취하는 것은 경쟁을 통해서만 가능하다. 음식은 대부분 어떤 것의 생명에너지이고, 의衣·주住도 자연에서 얻어와야 하는 것이다. 이러한 시스템이 태생적 결함이다. 모든 부정적 인간사회의 문제가 이 때문이다. 장자도 "슬프다!"고 했다. 공자는 "외물을 중시하면 내면의 마음이 졸렬해진다"고 하였다.

《사람이 살아가는 것은 근심과 더불어 사는 것이다. 부자라도 힘들게 일하고 쌓은 재물을 다 쓰지도 못한다. 그건 몸을 위하는 것이 아니다. 귀하다고 하는 사람은 일의 성사를 밤낮없이 따지고 있다. 장수하는 사람은 정신이 혼미해도 죽지 않으니 고통이다.(「지락」)》 이런 것들이 장자가 이야기하는 현대의 우리가 처한 상황이다. 세상 사람들은 육체를 양생하면 생명을 보존하는데 족하다고 하는데 그것만으로 부족하다면 세상 사람들이 육체를 보존하는 노력이 가치가 있겠는가. 가치가 없더라도 하지 않을 수 없는 것은 그것(육체와 외물에의 집착)을 피할 수 없기 때문이다. 몸뚱이를 가지고서 이 세상에서의 삶을 어찌 포기하고 버릴 수 있겠는가. 그래도 장자는 세속과의 관계를 버리라고 하고 있다. 세속에 얽매이지 않으면 마음이 평안해지고 육체가 피로하지 않고, 생명에 대한 집착을 버리면 정기精氣가 손상되지 않으리라는 것.

전개지田開之가 주周나라 위공威公을 만나자 위공이 말했다. "선생에게서 양생술에 대해 듣고 싶소." 전개지가 답했다. "노魯나라에 선표單豹라는 은둔자가 있었는데, 산중의 바위 동굴 속에 살면서 세상 사람들과 이해를 다투지 않아 나이가 칠십이어도 어린아이와 같은 얼굴색을 지니고 있었는데, 불행히도 굶주린 호랑이가 잡아먹고 말았습니다. 또 노나라의 장의張毅라는 사람도, 사람들의 집에 부지런히 찾아다니며(몸을 움직이며) 살았지만 사십에 열병으로 죽었습니다. 선표는 내면을 잘 길렀지만 호랑이가 육체를 잡아먹었고, 장의는 육신을 잘 보양했는데도 몸 안에 병이 생겼습니다."라고 하였다.

중니仲尼(공자)가 말했다. "먼 길을 떠날 때의 위험이 있을 것 같으면 서로 무리를 지어 경계하여 여행길에 나서는 것처럼 또한 사람이 조심할 것은 이부자리 위의 일(남녀의 육체관계도 심신의 수양과 인간관계 문제에서 삼가고 조심해야 하는 것.)과 음식인데 이것을 경계할 줄 모른다면 수양이 잘못된 것이다." 마음을 수양하는 것에 치중해도, 육체를 단련하는 것에 치중해도 삶의 균형을 놓치고, 위태로움을 경계하지 못함도 잘못하는 것이라는 말이다. 삶에서 무슨 일이 벌어질지 알겠는가?

종묘의 제사를 담당하는 축종인祝宗人(제관祭官)이 돼지를 달래며 "너를 석 달 동안 잘 길러 제물로 올릴 때 깨끗이 씻기고 아름다운 제기祭器에 올릴 테니 죽는 것을 싫어하지 말라"고 하였다. 그러면서 "나 같으면 살아서 대접받고 죽어서 (너처럼) 좋은 상여喪輿에 누울 수 있으면 그렇게 하겠다"고 했다. 돼지를 위한다고 말할 때는 어쩌면 돼지가 살고 싶어 할 거라고 여기면서도 희생을 요구하는 반면, 자신을 비추어 생각하면 '나는 그런 대접을 받을 수 있다면 기꺼이 죽겠다'고 하는 것은, '그와 돼지가 실제로 다른 것이 무엇인지?' 모르겠다는 것이다. 이는 삶과 죽음을 대하는 태도(돼지의 죽음을 강요하면서 축종인은 자기가 죽지 않을 것을 전제하고 있다. 실은 돼지와 축종인 둘 다 죽고 싶지 않은 것이 진실이다.)의 이중적임을 말한 것으로 보인다.

《곱사등이 노인이 매미를 줍듯이 잘 잡는 것은 집중하는 것이고, 뱃사공이 거센 물살을 건너 배를 모는 것은 물을 잊어 여유롭게 된 때문이고, 급류에서 수영을 잘하는 사람은 물에서 자란 사람이기에 물의 도에 따라 편안하게 움직였기 때문이고, 편종 걸이를 만드는 목공은 마음을 고요히 하고 기술에 전념하여 나무의 천성에 합일하기 때문이다. (너른 들판을 뛰어야 할) 말에게 굽은 밭두렁을 달리게 하며 본성에 어긋난 것을 요구하면 말은 쓰러지고, 물건을 던져서 승패를 거는 놀이에서 잘 던지던 사람이 비싼 경품을 걸면(외물에 혹하면) 마음이 어두워져 혼란에 빠진다. 외면을 중시하면 내면은 궁색(졸렬)해진다.》 이런 이야기들은 현실적인 삶을 영위하는 태도에 대한 구체적인 의견이라 할 수 있다. 이는 지혜로써 시비를 잊고 내심을 변하지 않게 하고 외물을 (지나치게) 추종하지 않으며 적절히 대하라는 충고다.

반면에, 노나라 사당에 들어온 새를 대접한다고

노나라 군주가 새에게 육고기를 주고 음악을 연주하며 즐겁게 해준다고 했는데 새는 근심과 슬픔에 젖어 눈이 어지러워지고 먹고 마시지도 못해 죽었다. 새의 방식으로 양육하지 않고 자기 방식으로 새를 양육하려 했으니 (새의) 본성에 맞지 않아 어리석은 것이다. 공자의 말처럼 "사람도 자연이고, 하늘도 자연이다. 사람은 자연의 성품을 지키지 못하고 있다. 성인은 자연에 맡기고 편안한 마음으로 형체가 가면 생을 마칠 뿐인 것"이다.(「산목」)

현대의 우리는 현실적으로 세상과의 단절은 거의 불가능하다. 심산유곡에 은거해도 무엇엔가 몸뚱이가 의지하는 것은 마찬가지다. 문제는 피치 못하게 속세에 살면서 어떻게 해야 잘 사는 것이라 할 수 있는가다. 탐욕과 집착을 줄이는 것이 장자의 생각에 조금이라도 가까이 가는 것인지는 모르겠지만, 그렇게 함으로써 마음이 일부분이나마 편해지는 것은 분명하다. 마음을 되돌아보고 집착을 버리려고 애썼던 사람이 시한부 판정을 받은 암에서 치유된 것을 보았다.

몸은 마음의 지배를 받는다는 말이 괜한 말이 아니다. 육체도 그렇다. 지나친 탐식이 현대인의 다수 질병에 관련이 있음도 사실이다. 온종일 운동만 하고 좋은 것을 찾아 먹고, 나만 생각하여 골치 아픈 일에는 귀 닫고 산다 해도 생명을 연장하는 데는 한계가 있을 것이다. 이것이 가감 없는 정확한 생명의 진실이라 할 것이다. 인생이란 (눈앞의 좁은) 틈을 천지간에 날랜 백마가 (순식간에) 휙 지나가는 것처럼 홀연하다. 이런 변화를 삶이라고도 하고 죽음이라고도 하며, 살아있는 것은 애통해하고 인간은 슬퍼할(「지북유」) 뿐이다. 장자는 천지만물의 실정을 깨닫고 삶을(생사를) 자연스럽게 수용하라는 것은 아닐까.

가난은 때를 만나지 못한 것일 뿐

(「산목山木」)

장자는 형편이 여유롭지 못했던 것으로 보인다. 칠원리漆園吏라는 직업(이것도 그만두었다고 한다.)과 유유자적하게 보이는 태도가 돈을 모으는 것과는 멀어 보이긴 하다. 그가 여기저기 기운 베옷을 입고 삼으로 묶은 신발을 신고 위魏나라 왕을 (길을 지나다가) 만나자 위왕이 물었다. "선생께선 어찌 이렇게 고달프게 사십니까?" 장자는 "가난한 것이지 고달픈 건 아닙니다", 라고 답했다. 장자의 '고달프다'라는 뜻은 이랬다. "선비가 도덕을 행하지 못하는 것이 고달픈 것이지 의복이 남루한 것은 가난한 것입니다. 지금 왕과 신하가 서로 혼란한 때에 어찌 고달프지 않겠습니까?" 이렇게 고달프고 가난한 것은 (정치를 잘못하는) 당신 탓도 있는, 때를 잘 만나지 못한 것이라는 말이다.

장자는, 원숭이가 녹나무나 가래나무처럼 가지가 반듯한 나무를 만나면 가지를 붙잡고 왕처럼 행세하면서 예羿와 봉몽蓬蒙 같은 활의 명수라도 잡지 못하나, 구기자나무나 탱자나무 같은 가시나무를 만나면 주위를 살피며 두려워하는 것은 처세가 편하지 못해 능력을 발휘하기 어렵기 때문이라고 한다.

「양생」편에도 비슷한 이야기가 있다. 공자의 제자 자공子貢이 또 다른 제자 원헌原憲을 만나러 갔는데 사방 한 자쯤 되는 작은 집에 (…) 비가 새어 방바닥이 축축했다. 자공은 좋은 옷을 입고 큰 수레를 타고 왔다. 원헌이 자작나무 껍질 갓을 쓰고 뒤꿈치 없는 신발을 신고 마중 나왔다. 자공은 "선생은 어찌 이리 병들어 보입니까?"하자, 원헌은 웃으면서 "재물이 없는 것을 가난이라 하고 배우고도 실천하지 않는 것이 병든 것이지요. "세속대로 행동하고, 가리지 않고 친구를 사귀며, 남을 바꾸기 위해 학문을 하고, 나를 위해 가르치면서 인의를 내걸고 못된 짓을 하며, 수레와 말로 자신을 꾸미는 짓을 저는 못합니다"라고 자공에 빗대며 직설적으로 말했다.

원헌의 가난은 스스로 자초한 것일 수 있으나, 공자는 때를 잘 만나지 못해 능력을 발휘할 기회가 매우 적었으므로 많은 간난을 겪었다. "나는 노나라에서 두 번이나 쫓겨나고, 송나라에서는 나무에 깔려 죽을 뻔했고, 위나라에서는 내 흔적을 숨겨야 했고, 상나라와 주나라에서는 궁지에 몰렸고, 진나라와 채나라 중간에서 포위당한 적도 있었다. 이렇게 수차 환난을 당했다." 공자의 때라는 것도, 인의를 주장하는 그의 포부와 가르침이 어지러운 당시의 시류時流에 적합하지 않은 것일 수 있다. 군주의 입장에서는 국가의 명운이 걸린 전쟁에서 이길 수 있는 전략, 대중에게는 당장 생존의 문제를 해결하는 방안이 아닌 것으로 받아들여졌을 수 있을 것이다. 공자는 정사에 참여해 뜻을 펼칠 수 있는 기회가 매우 짧았지만 그의 가르침을 따르는 이는 많았다.

장자는 스스로 벼슬에 나가기를 원치 않았으나, 여기서 그가 말하는 의미는 도덕을 행하지 못하는 선비처럼 때를 만나지 못했다는 것이다. 혼자 소요유하는 즐거움을 누리는 이면에는 세상에 도덕을 행하지 못하는 안타까움이 있는가, 라는 생각을 해본다.

외편에는 공자에 대한 비판이 많다. (잡편 「도척」에서는 도척이 공자를 죄인 다루듯이 나무란다.) 태공太公 임任이라는 이는 공자에게 "그대도 죽는 건 싫소? 곧은 나무는 먼저 잘리고 단 샘물은 먼저 마르는 법인데, 그대는 지식으로 미혹된 사람을 겁주고 자신의 수양을 해와 달이 빛나는 것처럼 드러내니 그대는 이름을 알리는 것을 좋아하는 것이오?"라고 말한다. 공자의 제자 자공子貢이 초楚나라에서 유세를 마치고 돌아오는 중에 밭일하던 어떤 농부에게(그가 일일이 항아리에 물을 담아 밭에 붓고 있으므로) 물을 길어 올리는 기계(두레박 같은 장치)를 조언하다 거절당하면서 농부가 "당신은 누구인가?" 묻자 "공구의 문도門徒"라고 하니 농부가 말하기를 "공자는 많이 아는 것으로 성인을 흉내 내고 말도 안 되는 소리로 대중을 혼란에 빠트리니 천하에 명성을 파는 자가 아닌가?"(「천지」)라고 하였다.

노자도 공자에게 이렇게 말했다고 하고 있다. "그대가 천지의 도를 행하고 도를 따르면 이미 더할 것이 없는데 어찌 인의仁義를 내거는가? 마치 북을 두드리며 잃어버린 자식을 찾아다니는 것처럼 사람의 본성을 어지럽게 하는구려."(「천도」) 그리고 인의仁義가 "모기가 물어 잠들지 못하게 하는 것처럼 마음을 어지럽게 한다"고 한다.(「천운」) 당시에 유가에 대한 이런 관점이 있었음을 보여준다. 공자는 인의는 '마음속에 만물과 함께 누리고 겸애(두루 사랑하며)하며 사심이 없는 것'이라 한다. 공자의 인의가 현실 정치에서 받아들여질 듯 말 듯 한 이유일지 모른다. 군주가 취하기에는 융통성이 없고, 민중이 보기에는 너무나 이상적인 치세(정말 그런 것을 실현할 군주가 있겠는가 하는)이기도 하며 어차피 자기들보다 제후를 위하는 것처럼 보였을지 모른다. 노나라 태사 금金의 지적도 공자의 주장이 현실에는 맞지 않다고 본 것이었다. "배로는 육지를 갈 수 없다"며 옛 주周나라의 법도를 가지고 지금 노나라에 시행하는 것은 '시대에 맞지 않다'는 것이다.(「천도」) 공자의 생애는 때를 만나지 못한 사람의 전형典型을 보는 것 같다.

공자와 상호桑雽 선생이 나누는 대화 중에 가假나라 사람 임회林回의 이야기가 있다. 상호는 임회가 나라가 망하자 천금千金의 구슬을 버리고 갓난아기를 업고 도망간 것을 예를 들어, '구슬은 이익으로 인한 것이고 갓난아이는 천륜으로 맺어진 관계'라고 한다. 《이익으로 맺어진 관계는 곤궁하고 환난이 닥치면 버리게 되는데 천륜으로 묶인 관계는 오히려 거두어준다고 한다. 이해관계로 엮인 자들은 이유도 없이 흩어지게 마련이라고 하였다.》 공자가 환난을 많이 겪고, 친교를 맺는 일은 적어지고, 제자와 벗들이 떠나가는 것을 묻는 것에 대한 상호의 답이었다. 천륜이 아니고 이익으로 맺어진 관계는 그렇다는 것이다.

보통의 사람에게 가난과 고달픔은 의지를 위축되게 만들기 십상이다. 돈이 사람을 대표하는 세상에서 특히 가난함이 더욱 그렇다. 부와 권력이 아니라 한 사람의 지혜와 덕성이 그의 인간 존엄성을 무시당하지 않게 하는 방패막이가 되고 있는가? 라는 질문을 스스로 해보라. 이해관계로 엮인 세상이다. 이들은 서로의 이익에 따라 시시때때로 모이고 헤어진다. 거기에서 소외된 힘없는 사람들은 돈 많고 잘 버는 그룹에 끼지 못해 안달이고 그들을 보고 열광한다. 《마치 서시가 심장의 병으로 가슴이 아파 눈을 찡그렸는데 못생긴 마을 사람 하나가 자기도 가슴을 부여잡고 눈을 찡그

렸다고 하는 것과 같다.(「천운」)》

장주가 조릉雕陵(구릉丘陵의 이름.)의 울타리 안을 거닐다가 기이한 까치(날개가 칠 척尺이고 눈이 일 촌寸인데 높이 날지도 못하고 잘 보지도 못하는 것 같았다.)가 날아와 장자의 이마를 스치고 나무에 앉는 것을 보고 호기심에 그것을 잡으려고 새총을 들고 슬금슬금 다가가는데, 매미 한 마리가 제 처지를 잊고 그늘진 곳의 가지에 앉아 있는 것을 보았다. 매미 뒤에는 사마귀가 매미를 잡으려 정신을 팔고 있었고, 그 사마귀를 잡으려는 까치 역시 제 처지의 위태로움(장주가 노리는 것)을 모르고 있었다. 장주가 홀연히 깨닫기에 "만물은 이렇게 (먹고 먹히며) 얽혀있구나"라고 하였다. 인간과 세상이 어쩔 수 없이 그런 모양이다. 장자가 며칠을 두문불출하기에 제자인 인저藺且가 묻자, 장주 자신은 밤을 훔치려는 줄 오해받아 밤나무밭 산지기에게 꾸지람을 듣고 사흘 동안 기분이 나빴다고 말한다. 세속을 따라야 하는데(금지한 곳에는 들어가지 않아야 함에도) 나를 잊고 까치를 쫓다 어이없이 야단맞았으니.

장자는 우리 세상이 그렇게 물고 물리며 돌아가는 것임을 새삼스럽게 느꼈나 보다. (촘촘히 엮인 그물처럼 벗어날 수 없는 인과관계인 천라지망이라는 의미와 비슷해진다.) 자기는 그러한 구조에서 국외자인 입장으로 있다고 생각했는데 산지기에게 야단을 맞고 불현듯 '나도 예외는 아니었다'라는 깨달음이 있었던 것처럼 느껴진다. ('장자'는 선생님이라는 존칭이고, '장주'는 제삼자 입장의 지칭이다. 개인적인 느낌으로는 『장자』의 외편부터 들어서며 어떤 때는 장자가 공자 같고 공자가 장자 같고 노자와 장자가 섞인다. 어떤 것은 야담 같고 「편」의 주제나 장자와 동떨어진 것 같다는 생각도 든다.)

장자와 공자의 '때와 뜻을 펼친다'는 의미와 다르게 때를 잘 만난다는 것에 대한 이야기를 해본다. 『사기』의 노자와 공자가 만나는 이야기에서 노자는 "군자가 때를 잘 만나면 마차를 타게 되지만, 때를 만나지 못하면 쑥대처럼(자주 사용하는 쑥대라는 표현은 하찮거나, 처지나 마음 씀이 황폐하다는 말이다.) 떠돌아다닐 뿐이오"라고 공자에게 말한다. 한 사람의 운명에서 때라는 것이 정말 중요하다는 것을 평생 느끼며 살아왔다. 때를 잘 만나고 못 만나고의 여부가 자신의 운명이다. 개인이 쉽게 바꿀 수 없다. 때가 아니면 방황을 멈추고 방향을 전환해야 한다. 그러면서 기회를 살펴야 한다. 우선은 장자처럼 소요유하든가, 공자처럼 후학을 가르치는 기쁨으로 전환하든지. 엉뚱한 사람이 부와 권력을 누리는 세상에서 선량하고 지혜로운 사람은 소외되므로 장자를 생각하지 않을 수 없다. 장자는 "지금 세속에서 행해지는 쾌락이 과연 즐거움인지 아닌지 알 수가 없다."(「지락」)고 한다.

가장 슬픈 일은 마음이 죽는 것

(「전자방田子方」)

공자의 제자 안연顔淵이 공자의 가르침을 배우고 모든 것을 따르고 있는데도 도무지 공자에 미치지 못함에 대해 묻자, 공자는 다음과 같이 말하고 있다. "가장 슬픈 일은 마음이 죽는다는 것이다. 육체가 죽는 것은 그다음이다. 해는 동쪽에서 떠올라 서쪽 끝으로 들어가는데, 만물도 그렇게 따라간다. 해가 떠오르면 만물이 세상에 드러나고 해가 지면 어둠 속으로 사라진다. 나는 한번 몸을 받아 언젠가 다하기를 기다리며 나아갈 뿐이다. 나는 현존재로 살아 있음을 잊지 않는다."

공자는 "나는 지나가 버린 모습에 연연하지 않고 변화하며 나아가고 있다"고 말하며 안연이 공자의 드러난 모습(또는 과거의 모습)만 보고 마음속으로 고착된 틀(마음이 닫혀 있으면 깨닫지 못하니. 마치 입을 벌리고 있으면 말을 하지 못하는 것처럼.)을 견지하지 않기를 바라는 표현이었을 것으로 생각된다.

마음이란 무엇일까? 인간 육체를 움직이는 결정은 뇌를 통해 이루어지며 이러한 기능이 마음이나 영적인 존재로 혼동되기도 한다. 나는 마음에 대해 이렇게 비유해 본다. 미래에 인간 생활의 많은 영역을 대체할 거라는 로봇은 하드웨어와 소프트웨어로 구성되어 있다. 하드웨어(몸)인 로봇의 동작을 일으키는 동력은 전력(배터리. 심장)이며 로봇을 움직이게 하는 명령은 소프트웨어로부터 내려진다.

이 소프트웨어를 인간의 뇌와 같은 거라고 할 수는 있어도 로봇의 마음이라고는 판단할 수 없을 것이다. 처음부터 끝까지 완전한 주체적인 판단과 의지를 행사한다고 볼 수는 없기 때문이다. 마음은 뇌와 심장이라는 단순한 기능의 외부에 있을 것 같다. 뇌는 육체를 유지하도록 지시하는 소프트웨어일 뿐이다. 이 소프트웨어를 구성해 주는 초월적 존재(하느님, 신神)를 다수 인류는 믿고 있다. 그 존재가 일일이 인간에게 각자의 운명을 어떻게 입력하는지 우리는 알지 못한다. 장자는 그것을 초월자가 아닌 도와 덕이 스스로 그렇게 해 온 행사行事라고 하고 있다.

장자는 마음의 실상을 실감 나게 말해준다. "잠들어서는 마음은 쉬지 못하고, 꿈을 꾸고 깨어나서도 신체의 감각을 통해 감정을 일으킨다. 날마다 마음은 다툰다. 너그럽다가도 생각이 많아지고 꼼꼼해지고 작은 두려움에 깜짝깜짝 놀라며 큰 두려움에는 넋을 잃는다. 그 변화가 활을 당기는 것처럼 팽팽해졌을 때는 시비를 일으키려는 것이며 까딱도 하지 않을 때는 단단히 내 생각을 고집하려는 때문이다."

"마음이 가을이나 겨울처럼 되는 것은 날로 마음도 소모되어 가기 때문이다. 욕구에 집착하면 마음을 되돌리기 어렵다. 그것은 마음이 닫히고 늙어가는 것과 같다. (그렇게 늙어) 죽어가는 마음으로는 양기가 살아나기 어렵다. (그러다가 마음이 결국은 죽어버릴 것이다.) (…) 날마다 마음이 교차하지만 그것의 근원을 모른다. 주재자가 있더라도 감도 잡을 수가 없다. 행(작용)함은 있고, 실정은 드러나는데 형체가 없다."(「제물론」) 《사람의 마음은 '고개를 숙였다 드는 순간에 온 세상을 두 바퀴나 돌 정도'이다. 제멋대로 내달려서 붙들어 둘 수 없는 것이 사람의 마음이다.'(「재유」)》

마음을 영혼이라고 말할 수 있을지는 모르지만, 이 마음 또는 영혼은 우리 몸을 움직이는 기능과는 또 다른 주체임이 분명하다. 청화스님은 '마음은 부처가 사는 나라'라고 하셨다. 이 말씀이 의외로 진실일 것 같다.

마음을 먹어야 삶·일의 진행이 이루어질 것이고 그 의도가 세상을 바꾸어왔음은 사실이다. 지금 세상의 모습이 그 결과다. 나의 개인적인 경험으로도 마음은 몸의 지배자인 것은 확실했다. 어떤 마음속의 바람(부정적이었던)은 어느 날 현실로 나타나고 마음이 어둡게 가라앉을 때 몸이 먼저 무너져 내렸었다. 함부로 마음먹지 말아야 한다는 지극히 현실적인 위험에 대한 깨달음을 절감했었다. 진정한 슬픔은 우리 마음을 나도 모르겠다는 것, 몽매함에 방향을 잡지 못하는 것이다.

장자가 말하고 있는, 몸이 속한 유대의 여건하에서 무대를 지향하는 주체는 정신이다. 장자의 무대無待, 무위無爲를 이렇게 받아들일 수 있지 않을까? 무엇으로도 마음에 영향을 받지 말 것, 어떤 흔적도 마음에 남기지 말 것, 정신만큼은 무엇에도 의지하지 말 것. 정신이 자유로워지면서 몸도 따라서 어느 정도는 자유로워진다. 인간은 사회적인 동물이며, 우리 삶이 자연의 한 부분으로 육신을 영위하는 제반 조건이 무엇인가에 빚지지 않는 것은 아닐지라도 도를 향한 숙명은 철저히 개인적일 수밖에 없음을 알아야 한다고 장자는 말하는 것 같다.

사물의 경계가 없는 경지

(「지북유知北遊」)

《두루 주周, 널리 편徧, 모두 함咸이라는 세 글자는 실제로 표현하고자 하는 바가 같다. 그것들이 가르키는 것이 하나인 것이다. 물물자物物者(만물을 만들어내는 것)는 사물을 분별하지 않는다.》 여기서 물물자는 도다.

물물자로 인해 펼쳐진 '자연'이란 무엇일까? 『장자』에서는 이에 대한 표현들이 있다. '천하에는 항상 본성 그대로인 것(상자연常自然)이 있다. 천하는 자연적으로 이루어져 왔고 그것이 생성된 원인은 모른다.(「변무」)' 이 자연에 대한 논의가 무수하다. 자연을 이해해 보고자 중세 네델란드의 이단 철학자 스피노자가 말하는 자연과 비교해 본다. 스피노자는 장자의 자연에 유추되어 의미심장할 만한 이야기를 하고 있다. '신은 모든 것에서 자신을 드러내고 자연은 그 자체로 신성하다. 신성한 법칙은 자연의 법칙이다. 이 땅의 모든 것은 신성한 본성의 일부이므로 어떤 보답도 기대하지 않은 채 이 세계를 사랑해야 한다.'(*발타자르 토마스,『비참한 날엔 스피노자』) 여기서 말하는 신을 도라고 생각해도 되지 않은가. 왜곡된 신앙으로 살인을 저지르는 실화를 바탕으로 한 미국 드라마『천국의 깃발 아래』중에 이런 대사가 있었다. 같은 종파의 강직한 신앙인인 주인공 형사가 사건 추적에 정신이 없는 지경에 빠지자 동료가 들판에서 차를 세우고 "잠시 이 순간에만 충실히 귀를 기울여보라"고 한다. "이 아름다운 자연에서 신의 계시라는 게 있을까? 신이 없다고 생각하면 이 모든 게 더 기적이 아닌가"라고 말한다. (*일부 도가 연구자들은 '자연'이 우리 생태 환경적 측면인 자연을 말하는 것과 다르다고 하지만 나는 포함된다고 믿고 싶다.)

《차별 없이 모든 것을 두루 하나로 포용하는(대동하게 되는 경지인) 도의 세계는 애초에 분별이 없었다. 이기적인 나에게 밝은 도가 드러나지 않고 어두움에 머무르고 있는 것은 내가 나와 나 아닌 것의 경계를 짓고 분별하는 마음을 갖기 때문이다. 그 마음을 없애려면 인위가 없고(무위無爲), 담박 고요하며(담정澹靜), 적막하고 맑으며(막청漠淸), 균형있게 받아들인다면(조한調閒) 나의 뜻(의지, 욕구)

은 텅 비고 적막해질 것이다.》 자기 욕심을 버리고 평정함을 유지하여 마음에 찌꺼기를 남겨두지 않아야 한다는 말이다. 인위란 말에 굴레를 씌우고 소에 코뚜레를 뚫는 것과 비슷하다.(「추수」)

사람이 살아가는 방식이 스스로 구역을 나누고 경계를 짓는 것과 다름없다. 나와 동물, 내 가족과 타인, 내 나라와 다른 나라, 심지어 나의 종교, 학벌, 출신 지역 등 무수한 울타리를 치고 사는 것이다. (*이와 비슷한 논지로 미국의 켄 윌버는, '사람은 자기 정체성에 관해 스펙트럼처럼 정신적 경계를 짓는다'고 했었다. 스스로 제한을 두는 것이다. 이것이 갈등과 대립을 만든다. 그 경계를 없애 초자아에 합일할 것을 주장했었다.)

왜 분별과 차별이 생기는가? 의식의 경계, 정체성의 차이, 속세적 신분의 구별 같은 고상한 척하는 것이 그 진실은 아니다. 선을 그어버림으로써 타인이 내 영역에 들어오지 못하게 하는 것이 세상 사람들이 분별을 가지는 목적이며 속셈은 내가 차지하려는 파이의 크기에 있다. 경쟁적인 삶의 여건이 그렇게 사람을 만들고 있다. 항상 문제는 저 먼 곳인 것 같은 도의 세계와 현실의 어긋남을 어떻게 수용할 것인가다. 다른 세계가 있으니 현실을 뛰어넘으라는 말은 인간이란 존재에게 가혹한 시험이며 이것이 우리 숙명의 모순적인 측면이다.

장자는 언어로 일컫는 것은 사물의 경계일 뿐이라고 한다. 경계가 없는 것을 언어로 경계를 지은 것이므로 그것을 실제 사물의 경계라 할 수 없다는 것. 형체 없는 것을 보고, 소리 없는 소리를 들으며 도의 세계가 광막하다고 말하는 것은 도를 논하기 위한 수단이지 도의 실체가 아니다. 《도는 들을 수 없고, 볼 수 없고, 형상을 알 수 없고, 이름을 붙일 수 없다.》

물론 말 자체는 사람 간의 소통을 위한 도구임은 분명하다. '통발은 물고기를 잡는데 쓰므로 물고기를 잡으면 통발은 잊어버리고, 올무는 토끼를 잡기 위해 소용되므로 토끼를 잡으면 올무를 잊어버린다. 말은 뜻을 알리기 위한 것으로 뜻을 알고 나면 말은 잊는 것이다.'(「외물」) 그렇다면 도를 왜 말로 표현하기 어려운가? 노담이 공자에게 이렇게 말한다. "도는 깊고 까마득(요연窅然)하여 말로 하기가 어렵다. 그러나 당신을 위하여 대략이라도 말해보리라"고 한다. (…) "말하거나 보이거나 들리면 (도에) 이르지 못한 것이니 따라서 도를 얻는 것은 대득大得이라 한다."(「지북유」) 도는 황홀恍惚하기 때문이다. (*미묘해서 형체도 없는데 그 안에 형상과 만물이 있다는 의미다. 만물의 모태다.『노자』) 불교에서 말하는 진공묘유眞空妙有와 같은 말이기도 하다. 비어있는 것(空) 같지만 그렇지 않다는 것.

이렇게 도의 실체를 표현하고 있는 것에 나도 같은 생각이다. 도는 철저히 개인적인 체득이다. 누군가를 통해 얻을 수 있는 것이 아니다. 「지북유」에 지知(안다는 것의 비유다.)가 도에 대해 물으러 다니는 이야기가 있다. "어떻게 생각하고 처신해야 도를 터득할 수 있는가?" 하고 물었는데 무위위無爲謂(아무것도 하지 않고 말도 하지 않음의 은유다.)는 대답할 줄 몰랐으며 광굴狂屈은 말문이 막혀버렸고, 황제黃帝는, "생각하지 말고 말하지 말고 어떤 것도 하지 말며 아무것도 따르지 말라"고 한다. 지知가 말하길, "나와 당신은 도에 대해서 아는데 무위위와 광굴은 알지 못하는 것 같으니 누가 옳은가요?"라고 하자, 황제가 말했다. "무위위는 옳고 광굴은 옳은 듯이 보이고 나와 너는 끝내 도에 가까울 수 없을 것이다. 아는 자는 말하지 않고 말하는 자는 모르는 것이다." 말로 설명할 수는 있다. 말도 분명한 뜻이 있다. 그러나 도에 있어서는 말이 체득과는 분명 다른 것일 거다. 황제는, "먼저 도를 잃어버린 다음에 덕을 잃어버리고 다음엔 인을 내세우고 이 인을 잃어버린 뒤에는 의를 말하였고 의를 잃어버린 뒤에는 예를 말하니, 예란 도를 치장하고 어지러움을 일으키는 으뜸이다."라고 말했다. "그래서 도를 추구하는 것은 날로 덜어내고 덜어냄으로써 더 할 것이 없는 것에(무위) 이르면 사물로서 어렵지만 근본으로 돌아갈 수 있는 것이다."

이 세계에 대해 나는 우리가 속한 광막한 우주와 천지 만물의 시원, 우주 운행의 법칙, 파동의 에너지와 질량, 암흑물질, 만유인력 및 중력 등과 연계하여 추측하고 있다. 지금은 수천 년 전의 중국 춘추전국시대가 아니므로 현대에 맞게 사상을 수용해야 한다고 생각한다. 「경상초」편에 우주라는 말이 있다. 《실체이지만 그것이 처한 공간을 우宇라 하고, 영구하지만 근본을 표현할 수 없는 것을 주宙라 한다.》 우리가 나온 뿌리와 공간(아무것도 없는 듯한, 그러나 만물을 내놓는. 그래서 유有에서 나온 것이 아니라 유는 무유無有에서 창조되었다.)이 있으며 그것은 영구한 시간 속에 존재하고 있었다는 말이다.

경계를 벗어나고자 하는 수행의 단계에서 처음으로 맞이하게 되는, 불교의 용어로 '견성'이라는 순간은 내가 경계를 없애 본래 나와 부처(도)가 하나였던(대동했던) 사물의 본성을 확인하는 깨달음이다. 견성하면 크게 자유로워진다. 속세에 대한 불편한 집착을 줄일 수 있다는 가능성을 보여준 것이기 때문이다.

도는 왜 체득되어야 하는가? 오류와 고통이 반복되는 인간 삶에서 도를 체득함으로써 초능력을 갖게 되는 것도 아닌데 장자는 왜 도를 이야기했을까? 그도 가난 때문에 행색은 남루하고 때로는 남에게 곡식을 얻으러 가야만 했는데 도가 이생에서 무슨 도움이 되는 걸까? 나는 그것이 마음의 크기(이것을 천지 정신이라고 할 수 있다.)와 천지 만물의 생멸이나 운행 원리를 깨달으면서 갖게 되는 자유로움에 있다고 생각한다. 그것은 이 몸뚱이나, 이 지상에서 이행하고 있는 유한한 삶 이상(그렇지 않고 일회용의 물질적 삶이라면 하느님, 신, 도와 덕이 다 무슨 소용이랴.)을 확연히 깨닫게 되면서 얻게 되는 '속박(외물)으로부터의 정신적 벗어남'일 것이다. 안회가 공자에게 말한 심재를 통한 좌망의 경지도 '육신의 감각과 인식 작용을 벗어나 집착이 없어지는 것'이었다.(「대종사」)

「대종사」편에 진인眞人을 표현하는 말에서 도를 체득한 사람의 상태를 짐작할 수 있다. 《옛 진인은 잠을 자도 꿈을 꾸지 않았고(마음을 비우므로 마음의 잔존 작용인 꿈이 없어진다.), 깨어 있어도 근심이 없으며, 먹는 것을 달게 여기지 않고(감각에 휘둘리지 않는다.), (감정으로 격동시키지 않으므로) 숨은 길고 길었다. 생生을 좋아하지 않고 죽음도 싫어하지 않으며, 태어남을 기뻐하지 않고 죽음을 거부하지 않아 홀연히 (세상을) 떠나며, 자연스럽게 태어날 뿐이었다. 자신의 생이 시작된 곳을 알고 있지만, 구태여 끝나는 곳을 알려고 하지 않았다. (생명을) 받으면 그대로 기뻐하고, 생명을 잃으면 대자연으로 돌아갔다.》 장자의 추구하는 바가 그랬을 것 같다. '삶을 좋아할 이유도 없고 죽음을 두려워할 것도 없이 주어진 대로 담담히 살다가 대자연으로 돌아가고자 했다.'

나는 깨달음과 관련해 돈오돈수頓悟頓修와 돈오점수頓悟漸修의 논의에 대해 생각해 본다. (나는 그 논쟁의 깊은 내막은 잘 모른다.) 깨달음 이전과 깨달음 이후가 같을 수는 없지만, 도든 불성이든 깨달음은 지속되어야 한다고 믿는다. 여전히 우리는 유대有待의 세계에서 존재하고 있기 때문이다. 마음은 쉽게 외물의 유혹에 흔들린다. 잠시라도 견성했다면 외물 때문에 다시 무너지지 말고 굳건하게 이를 넘어서야 할 것 같다. 기나긴 우주의 시간 속에서 인간의 삶은 찰나에도 미치지 못한다. 무엇 때문에 여기서 이러고 있는가? 궁금하지 않을 수 없다. 가슴 서늘해지는 장자의 말은 이것이다. "슬프구나, 이 세상 사람이란 존재는 물질을 위한 여인숙에 불과하구나!"

더불어 이야기할 사람이 없다

(「서무귀徐無鬼」)

이 세상에 나를 알아줄(하다못해 빈말이라도 나눌) 사람이 없다는 것은 외롭기 그지없는 일이다. 나 혼자 살아갈 수 있는 인간사회가 아니다. 나를 이해받고, 힘들 때 기댈 수 있는 사람이 있어야 하고, 나는 누군가에게 의지가 될 수 있어야 한다. 장자에게는 혜자(혜시)가 그런 사람이었다. (혜자는 고대 그리스의 소피스트처럼 역물십사歷物＋事라는 명제를 가지고 변자들과 논쟁을 즐겼다.) 《교묘한 논리로 사람들의 말문을 막고 생각을 바꾸게 하였으나 마음을 승복시키지는 못하였다. 이것이 변자辯者의 한계》라고 「천하」에서 말하고 있다. (편견을 깨고자 하는 점에서는 변자들의 발상도 의미가 크다. 현대에서는 기발한 창의력·논리로 존중받았을지 모르겠다.)

장자가 장례를 끝나고 혜자의 묘를 지나가며 말했다. "어느 미장이가 자기 코끝에 백토를 얇게 바르고 석공더러 그것을 깎아달라고 했다. 석공이 바람이 일도록 도끼를 휘둘러 백토를 깎아냈는데 코끝이 상하지 않았다. 송宋나라 원군元君이 그 소문을 듣고 석공을 불러 시험 삼아 나에게도 해보라고 하였다." 석공이 말하기를 "신臣은 전에는 그처럼 깎을 수 있었으나 지금은 기술을 마음 놓고 써볼 상대가 죽었으니 그럴 수가 없습니다", 라고 하였다는데 장자는 "혜자가 죽으니 나도 더불어 이야기할 사람이 없구나", 라고 하였다.

장자와 혜자는 격의가 없었던 사이였던 것 같다. 사람들의 선입관을 없애려는 관점은 두 사람에게 공통점이 있다. 그렇지 않으면 이런 식의 대화를 나누고 있지 않았을 것이다. 장자도 논쟁으로는 혜자에게 절대 지지 않을 사람이다.

혜자가 "위왕이 큰 박의 종자를 주어 심었더니 너무 크게 열린지라 쓸모가 마땅치 않았다"라고 하자, 장자는 "그대는 큰 것을 쓸 줄 모르는구나. 큰 박으로 술통을 만들어 강이나 호수에 띄워도 되잖은가"라고 답했다. 이에 혜자가 "우리 집에 큰 가죽나무가 있으나 줄기에 옹이가 많고 가지는 비틀어져 목수도 거들떠보지 않는다네. 자네의 말은 크지만 쓸모가 없어 사람들이 떠나버리지"라고 한다. 장자는, "그 나무 곁을 노닐거나 그 아래 맘내키는 대로 누워봐도 되잖은가. 도끼에 찍혀 죽을 염려도 없고 누구도 해치려 않을 것이니 쓸모없다고 어찌 괴로워하는가?"라고 한다.(「소요유」) 또, 혜자에게 "내가 자네의 재상 자리 욕심낼까 봐 나를 보고 꽥꽥 소리치는가"라고 나무랬다.(「추수」)

장자와 혜자가 호수濠水 위 징검다리 위에서 놀면서 피라미가 한가롭게 헤엄치는 것을 보며 장자는 "이것이 물고기의 즐거움이겠지"라고 하였다. 혜자가 "당신이 물고기도 아닌데 어찌 물고기의 즐거움을 아는가"라고 하자, 장자는, "그대는 내가 아닌데 어찌 내가 그걸 모를 거라고 하는가"라고 하자, 혜자가 "나는 당신이 아니니까 당신을 모르지, 마찬가지로 당신은 물고기가 아니니까 물고기의 즐거움을 모른다고 해야 맞지 않을까?"라고 하였다. 장자는 "그대가 처음 나에게 물고기의 즐거움을 아느냐고 말한 것은 이미 그대는 내가 그것을 알고 있을 거라고 말한 것이 되어버린다네."(「추수」)

장자와 혜자가 둘이 생각을 교류하면서도 실없는

소리 같은 말의 유희를 나눌 수 있었던 친분을 짐작하게 하는 이야기들이다. 춘추전국시대에 이름난 거문고 연주자인 백아伯牙와 종자기鍾子期는 매우 가까운 벗이었다. 종자기는 백아의 연주를 듣는 것만으로도 백아의 마음을 알아주었다(지음知音)는 고사성어가 있다. 종자기가 먼저 세상을 떠나자 백아는 한탄하고 거문고의 현을 끊어버렸다. 공자는 따르는 사람이 많았으나, 장자는 혜자의 말처럼 '장자의 말은 크지만 쓸모가 없어' 사람들이 떠나버린다고 놀렸으니, 허물없던 벗인 혜자가 없는 상실감을 조금은 짐작할 수 있을 것 같다.

사람은 사람으로 인해 갈등을 일으키면서도 외로움이 치유되는 인간끼리의 유대적인 존재다. 서무귀(은자隱者라고 하는 설.)가 위魏나라 무후武侯를 알현하여 개와 말의 관상을 보는 이야기를 하면서 무후를 위로하여 크게 웃게 만들었다. 재상인 여상女商이 그 비결을 묻자 서무귀가 답했다. "월나라에 유배된 이가 있었는데 나라를 떠난 지 며칠이 지나서 자기가 아는 사람을 만났을 때 기뻤다오. 한 달 때쯤 지나자 예전 자기 나라에서 잠깐 본 사람이라도 반가웠고, 일 년이 지나니 자기 나라 사람 비슷하기만 해도 기뻐하게 되었다오. 이 야말로 아는 사람을 떠난 지 오래될수록 사람을 그리워하는 마음이 더욱 깊어진다는 것을 보여주는 것 아니겠습니까? 인적이 끊긴 산골짜기로 도망쳐 숨어 살던 사람도 족제비나 다니는 잡초가 우거진 산길에서는 어쩌다가 사람의 발걸음 소리만 들어도 기쁜 법이랍니다."

무후에게 육도삼략六韜三略이나 시詩·서書·예禮·악樂을 유세하는 이는 많았지만 편안한 이야기를 하는 사람은 없었다는 것. "형제나 친척들의 속삭임과 기침 소리라도 들린다면 얼마나 기뻐하겠습니까! 그런 (듣고 싶은) 소리가 (들은 지) 오래되었나 봅니다."(「서무귀」) 스트레스받는 소리보다 마음에 드는 소리만 듣고 싶은 것이 인지상정이다. 아부는 질리는 것이 아니다. 그래서 초심을 잃은 고독한 리더는 결국 이것에 허물어진다.

나이가 들어가면서 사람에 대한 내성이 줄어드는 것 같다. 자기 주관에 대한 고집이 강해지면서 자꾸만 까탈스러워지고 서로 말 한마디에도 상처받기가 쉬워진다. 불편한 사람은 미리 회피하게 되고, 마음 아픈 소리는 듣고 싶지 않아 적당히 눈치를 살피며 상대의 감정을 상하지 않으려는 정도의 관계만 겨우 유지하는 경우가 많아지는 것 같다. 외톨이가 될까 봐 이런저런 모임에 기웃거리지만 나이 들어 생산성이 떨어지는 처지에 친구는 늘어나는 것이 아니라 점차 줄어든다. 누군가가 갑자기 죽었다는 소식의 빈도가 늘어나면서 아는 사람이 줄어든다. 교류가 줄어들지 않아도 진실한 우정은 드물고 이해타산적인 경우는 많아서 '참된 벗이 없다는 것'에 절절한 외로움이 생긴다.

자기 외로움을 남의 탓하는 사람도 있다. 인간 개개인은 어차피 외로운 섬이다. 사회가 네트워크로 엮여있지만, 자신의 삶과 죽음은 결국 혼자 겪어야 하는 것만 보더라도 운명은 철저히 개별적이다. 나도 누군가에게 진실한 벗이 되지 못하면서 나를 알아주는 이 없다고 슬퍼할 이유도 없다. (아니면 돈으로 관계를 억지로 끌어가든지.) 스스로 내성을 키우고 혼자서도 잘 지낼 수 있는 여건을 만들고, 자존감을 높이는 것이 중요한 것 같다. 여기서도 장자가 말하는 무대無待의 자유가 필요해진다.

세 가지 유형의 사람들

(「서무귀」)

《세 가지 유형의 사람이 있다. '살랑살랑 남의 비위나 맞추는 사람(난주자暖姝者), 남에게 기대어 편히 살려고 하는 사람(유수자濡需者), 스스로 해나갈 능력도 없는 사람(권루자卷婁者)이 있다.' 난주자는 남의 말을 비판 없이 따라서 자기 생각처럼 여기는 사람이고, 유수자는 돼지에 기생하는 이(시슬豕蝨)와 같다. 돼지의 터럭 사이를 안전한 제 거처로 여기지만 돼지를 잡아 불에 그을릴 때 같이 타 죽는다. 그는 기생하며 안일함을 탐하는 사람이다. 권루자는 요임금으로부터 새로운 땅을 받아 이미 나이가 들어 총명이 쇠했음에도 돌아가 쉴 줄 몰랐던 순임금처럼 물러날 때를 모르는 사람을 일컫는다.》

장자가 노나라 애공哀公을 만나자 애공이, '자기 나라에는 유사儒士(유가를 따르는 사람들이 둥근 갓을 쓰고, 네모난 신발을 신고, 옥 장식을 허리에 차는 유사의 복식을 하고 돌아다니므로)가 많고 당신(장자)을 따르는 사람은 적다'고 하자, 장자는 말했다. '유자儒者

가 진실로 군자의 도를 안다면 유사의 옷을 입지 않는 법'이라며 만약 유사 옷을 입은 사람을 사형에 처한다고 해보라고 하였다. 그러자 5일이 지나자 한 사람만 빼고는 다들 유사 옷을 입지 않았다.(「전자방」) 그 한 사람 외에는 옷만 따라서 입었지, 스스로도 유자라는 자부심이 없었던 것.

이런 유형의 사람들이 생각보다 많고 의외로 잘 산다. 그러니 그것도 현명한 처신으로 여겨지고 부러움을 받는다. 인간성의 품격이라는 것이 존중의 대상이 아닌 세상이기에 그렇다. 난주자와 유수자를 합쳐 놓은 듯한 사람이 있었다. 권력자(예를 들어 인사권을 쥔 사람으로 정치인, CEO라고 여겨도 된다.)를 의식하여 제법 양식을 갖춘 것처럼 보이던 모습과 달리 권력자의 비위를 덮는 일에 미친 척 하고 앞장을 섰다. 눈에 띄는 충성을 보여주면 내 삶이 편해지는데 눈 딱 감고 한 번 미친 척해 보자는 모습이었다. 실제 그는 나중에 권세를 누렸다. 그렇게 살면 평생 편안하니, 그런 사람이 설치는 세상이다.

어떤 사람은 애사심을 드러내 보이려고(CEO에게

알려질 수도 있으니) 자기 회사가 속한 그룹사가 만드는 브랜드의 옷과 넥타이, 가방, 양말만을 고집했었다. 그러나 그건 자기만의 짝사랑이었을 뿐, 그 사람은 요직에는 발탁되지 못하고 중간에 도태되었다. 그런다고(의복을 보고) 챙겨줄 CEO가 있을까 싶다. 보통 핵심 요직은 이너서클이라는 커넥션이 좌우하고 있다. CEO도 자기에게 유리한 사람에게 끌리니 상식 밖의 엉뚱한 사람을 선택하는 때도 있다. 그러니 권력자 주변에 난주자, 유수자, 권루자가 득실거린다. 유수자와 같은 처신으로 잘 살다가 돼지 몸체와 같이 몰락한 사람도 있었다. 사람은 떠날 때를 잘 알아야 상처가 생기지 않는다. 원로元老라는 말은 안정감을 주는 용도로 볼 수 있다. 예전의 총명과 성실함은 이미 퇴색하였고 그를 대체할 싱싱하고 활발한 사람은 실은 많다. 권력자의 이익에 맞기에 쓰는 것이지 다른 사람들의 입장을 두루 고려한 것은 아니기 때문에 권루자는 태연하다.

『장자』에서 인간 세상의 오류를 초월하기 위한 도와 덕, 자연, 본성, 허정, 대통 등을 끈기 있게 이야기해 주고 있지만 결국은 인간 세상의 결함,

인간의 이기적 탐욕을 바탕에 깔고 하는 것일 수밖에 없으니 수천 년 전의 상황과 지금이 여전히 같은 느낌이다. 장자의 후학들이 생각을 덧붙이면서 『장자』 내편 이후의 내용에서 더욱 그런 경향이 드러나고 있다.

어떤 이념(민주, 자유, 공동 분배, 평등, 보수, 진보 등)이나 교리敎理를 표방하든 간에 실상은 물질(돈)이 지배하고 있는 현대 자본주의 세상은 계층이 무수히 갈라지고 그 간극은 더욱 벌어지고 있다. 우리나라도 부자와 빈자, 지역, 학벌, 직업, 노사 등으로 거북등처럼 갈라져 상대방에 대한 공감이 전혀 없다. 사람은 사람에 대한 기본 존중과 연민을 가지고 있어야 공생할 수 있음에도 타인의 처지에는 관심이 없어졌다. 타인(확장한다면 다른 생명을 포함하여)에 공감하지 못하는 사람이 소시오패스다. 현대에 소시오패스가 급증하는 이유가 그것 때문이다. 소시오패스는 유전자 때문이 아니다. 정서에 관한 후천적 질병이다.

노담老聃(노자)의 제자인 경상초는 '요순 임금이라도 그들이 행한 것은 선하고 바른 치세였지만 이것도 선함과 바름의 분별이 되므로 그로 인해 천년 후에는 사람끼리 잡아먹는 시대가 올 것'이라고(「경상초」) 한다. 2천 년도 더 지난 지금 정확히 그렇다. 아무리 좋은 뜻이라도 무엇이든 왜곡하리라는 예측은 인간이 인간을 너무나 잘 알기 때문이다.

다른 제자인 백구柏矩가 노담에게 말했다. "온 천하를 돌아다니면서 배우고자 합니다." 노담은, "그만두게. 천하라고 해서 여기와 다르겠는가." 재차 백구가 청하자 노담이 "그렇다면 어디부터 천하를 다니려는가." 물었다. 백구는 "제나라부터 시작하려 합니다." 그러나 백구는 제나라에서 사형을 당했다. 노담은 길거리에 백구의 시신이 매달려 있는 것을 보고 시신을 내려 땅에 뉘어 옷을 벗어 덮어주며 곡哭했다. "불쌍하구나. 하필 그대가 유독 지금 세상의 재앙에 걸렸구나. 지금 세상은 영욕으로 사람을 병들게 하고 재화로 인한 다툼이 심하고 삶을 곤궁하게 만들어 잠시도 쉬지 못하게 하더니 네가 이 지경이 되었구나."

《옛 군주들은 공은 백성에게 돌리고 실패에는

책임이 자기에게 있다고 했으나 오늘날은 그렇지가 않다. 번거롭게 일을 꾸며 모르는 백성을 어리석다 업신여기고, 어려운 일을 만들고서 못하는 사람을 용기가 없다고 죄를 주고, 과중한 임무를 못해내는 사람을 벌주고, 지나친 목표에 이르지 못하는 백성을 처형한다. 그러므로 백성들이 죄를 부리고 도둑질이 성행한다. 도대체 이것이 누구의 탓이란 말인가?(「칙양」)》 리더가 보여주는 모습이 그 사회의 윤리가 망가지느냐 지켜지느냐의 기준이 되는 것은 그때나 지금이나 다를 바 없다.

인간과 그들이 살아가는 사회가 모순투성이여도 이것도 인간이 삶을 이어가는 방식이며 피치 못할 길(도)이다. 사람도 자연이고 하늘도 자연이다. 《사람은 자연의 성품을 지키지 못하는 것일 뿐이므로, 깨달은 자는 편안한 마음으로 육신이 다하면 생을 마치는 것을 담담히 받아들인다.(「산목」)》 아직 깨닫지 못한 우리는 몸은 현실에 두어도 정신은 항상 물질 이상인 방향을 자각하고 사는 것만으로도 우선은 충분할 것 같다.

한 바가지 물만 있어도 살 수 있는 것을

(「외물外物」)

장자의 형편이 끼니 걱정을 할 정도였던가 보다. 혜시도 "자네 말이 아무 쓸모가 없으니 사람들이 따르지 않는다"고 했었다. 대부분의 사람들이 잘 먹지 못하고 전란으로 생명마저 위태로운 시대 상황에서 『장자』에서와 같은 장자의 말이라면 사람들의 마음에 당장 눈앞에 닥친 문제의 해결 방안으로 솔깃하게 닿을 리 없을 것 같다. 그의 가르침이 인기가 없으니 더불어 경제적인 여유로움이 생기지 않았을 수 있겠다.

《어느 날 장주가 감하후監河侯(하천 관련한 일을 감독하는 관리·제후라는 설이 있다.)에게 곡식을 빌리러 갔다. 감하후는 "그리하리다. 다만 나중에 세금을 받아서 삼백금三百金을 빌려주겠소"라고 했다. 장주가 화가 나서 얼굴이 벌게지며 말하기를 "어제 이리 올 때 누군가 불러서 돌아보니 수레바퀴 지나간 곳에 물이 고였는데 거기에 붕어가 있었소. 붕어는 자기가 '동해의 파도를 관장하는 해신海神의 신하(파신波臣이라고 표현되어 있으니 튕겨져 나왔다는 뜻.) 인데 물 한 바가지라도 좋으니 나를 살려주시오', 라고 하기에 내가 오나라와 월나라에 유세가는 중이라 왕에게 말해 서강의 물을 너에게 끌어 주겠다, 라고 했다오. 붕어는, '당장 나는 죽게 생겼소. 한 바가지 물만 있으면 충분히 살 수 있는데. 그런 말을 하느니 차라리 건어물 가게에서 (죽어버린) 나를 찾는 것이 더 낫겠소'라고 했다오."》 (삼백금의 가치에 대해서도 후세의 연구자 간에 논란이 있지만 차치하고.) 지금 당장 절박한 내게 도움이 안 되는 말뿐인 약속이 무슨 소용인가?

자여子輿와 자상子桑은 친구인데 장마에 비가 열흘을 내렸다. 자여가 자상이 병든 건 아닌가 싶어 밥을 싸서 가지고 갔다. 집 문 앞에 이르니 "아버지인가, 어머니인가, 하늘 탓인가, 사람 탓인가"하는 노랫소리가 들렸다. 자여가 들어가 "노래가 어찌 그런가?"하고 물었다. "무엇이 나를 이 지경이 되도록 했는지 생각해 봐도 모르겠네. 부모가 나의 가난을 바란 것도 아니고 천지가 내게만 각박할 리 없고 도저히 알 수가 없네. 이 지경이 된 것은 운명이겠지"라고 자상은 말했다.(「대종사」) 가난에 지친, 체념에 가까운 자상의 마음이 짠해진다.

당사자에게는 목숨이 걸린 것이지만, 당장의 생존을 위해 필요한 도움을 얻기는 의외로 어렵다. 도움이란 조건을 붙이지 않는 것이 바람직하겠지만 도움을 주는 입장에서는 감하후처럼 둘러대거나, 할 수 있는 생색은 다 내려고 할 것이다. 가난해 본 사람이 오히려 없는 자의 아픔을 공유하고 조건 없이 인정을 베푸는 것을 자주 본다.

『장자』에서 장자와 공자, 묵자, 명가를 비판하는 내용이 많은 것(특히 공자)은 민중의 삶과 동떨어진 것으로 오해받았기 때문일 것이다. 「도척」이 『장자』의 한 부분을 차지하는 것도 그러한 연장선에 있다고 할 것이다. 도척은 공자에게, 천하의 군주를 미혹하여 부귀를 탐내므로 "도둑으로 치자면 너보다 큰 도둑이 없다"고 소리친다. 그러나, 공자를 포함한 당대 사상가들의 주장도 당시의 현실에 바탕을 두고 다양한 시대 상황에 대한 해결방안을 나름대로 모색하고 제시하고 있다고 볼 수 있을 것이다.

『장자』의 비유를 당시나 지금 우리나라의 현실로만 비추어볼 게 아니다. 자국의 이익을 우선으로 하는 국가 간의 이기적인 태도와 분위기가 온 세상을 휩쓸고 있다. 내가 아는 성직자聖職者는 아프리카에서 활동하는데 그곳의 사람들은 아침을 물로 대신하고 점심때 곡물로 죽을 쑤어 일부만 먹고 나머지는 남겨 저녁에 먹는다고 한다. 그곳 사람들은 젊어서 그렇게 못 먹어 마흔쯤이 되면 질병에 시달리기 시작해서 많은 이가 일찍 죽는다고 한다. 어느 곳에선 음식이 넘쳐나서 쓰레기 처리로 골머리가 아프고 어떤 곳에선 그런 남은 음식 일부만이라도 있으면 더 오래 살아갈 수 있는데 말이다.

'우리는 소, 돼지, 닭을 먹이려고 최고의 토양에서 곡물과 콩을 재배하지만, 동물의 식량 가치는 식물에 비해 극소량에 불과하다. 축사에서 소를 키울 때 소고기 자체를 생산하는 곡물의 양은 11%이다. 나머지는 에너지로 연소되고 배설물로 배출되거나 식용이 아닌 부위로 흡수된다. 축사에서 식물성 단백질 790킬로그램 이상을 먹여 사육한 소의 단백질은 50킬로그램도 안 된다. 부자나라는 국민 1인당 해마다 1톤 가까운 곡물을 소비하지만, 인도의 소비량은 4분의 1톤도 되지 않는다. 부자나라의 국민이 곡물을 많이 먹는 것이 아니라 고기에 그만큼의 곡물이 숨어 있기 때문이다.'(*피터 싱어, 『이렇게 살아가도 괜찮은가』) 되도록 작게 소유하고, 적게 소모하고, 필요한 양만큼만 먹어야 한다. 우리 세상을 조금이라도 더 오래 보존하기 위해선 그래야 타당한 것이다. 적어도 먹는 것에 대해선 탐욕을 부리고 싶지 않다는 다짐을 해본다.

청렴인가, 탐욕인가는 성찰하는 한계의 차이

(「도척盜跖」)

과거에는 청렴이 칭송받는 덕목이었으나 지금은 그렇지 않은 세상이다. 요령껏 자기 몫을 잘 챙기면 내 삶이 편해지는데 바보같이 정직하게 살아서 가족까지 곤궁하다고 처자식부터 원망하기 십상이다. 왜냐하면 거의 모두가 편법으로 권력을 쥐고 재산을 모으는 것에 부끄러움이 사라져 버렸기 때문이다. 부정이 드러난 고위직에 있는 사람들이 재수 없어 (웬만한 사람들은 다 그렇게 살고 있으니까 하필 나만 걸렸다는 생각이다.) 구설에 걸렸을 뿐, "나는 모르는 일이었습니다"라고 얼굴에 철판 깔고 버티면 곧 면죄받는 일을 자주 보고 있다. 이제는 무엇이 옳은지 그른지 알 수 없게 되어버렸다. 재수 없이 걸렸다고 생각하는 사람들의 황당한 표정에서 "왜 나만 가지고 그래"하는 인상이 확연하게 느껴진다. 그러니 누군들 청렴해지려 하겠는가. 순간의 뻔뻔함이 평생의 편안함을 좌우하는데.

《열자列子(열어구列禦寇)가 몹시 가난하여 얼굴에도 수척해진 기색이 드러났다. 그때 정鄭나라에 유세하러 왔던 어떤 객이 정나라의 재상 자양子陽에게 열자의 곤궁함을 말해주었다. "열자는 도를 터득한 사람이라고 하는데 그대의 나라에서 곤궁하게 살고 있으니 재상이 도인을 싫어한다고 말이 나지 않겠습니까?" 자양은 그 말을 듣고 관리를 시켜 열자에게 곡식을 보내주었다. 그런데 열자는 곡식을 사양하고 받지 않았다.》

남의 말에 따라 쉽게 판단을 내리는 자양은 오늘은 나를 도와주려 하였지만 언제든지 변심하여 나를 해칠 수도 있는 위험한 사람이라는 게 열자의 판단이었다. 열자의 부인이 원망하여 가슴을 치며 말하기를 "도인의 처자가 되면 모두 편안하게 산다고 하던데 이것이 운명이란 말입니까?"라고 하였다. 청렴한 이의 대외적인 명망과 집안의 궁핍은 아마 이런 상황일 것이다. 가족은 세속적으로 무능한 가장이 원망스럽다. 부인으로서는 당연히 이랬을 것이다. 이 답답한 양반아! (나중에 폭정에 난이 일어났고 자양도 살해되었다.)

욕심은 끝이 없다는 것을 사람들을 통해 배우게 된다. (주로 없는 사람들의 눈에만 그것이 보이는 기이한 현상이라 할 수 있다.) 욕심을 과하게 부리는 사람에게도 나름의 사정은 있다. 사람은 자기와 비슷한 규모의 부를 가진 사람들, 그 이상의 부자와만 비교하기 때문이다. 비교 대상보다 내가 우위에 있어야 부자라고 생각한다. 부를 어느 정도 갖춘 이들은 자기보다 적게 가진 사람과는 등급이 다르다고 생각하므로 비교도 하지 않는다.

이런 집착의 근본적인 원인은 인간 삶의 환경이 애초에 재화가 한정적이고 안심하지 못하는 여건인지라 내 몫은 여전히(언제든지 나락으로 떨어질 수 있다는 불안함에) 위태롭다고 생각하기 때문이다. 국가의 경제성장 규모가 커지지 않으면 퇴보하는 것처럼 개인에게도 똑같다. '성장'이라는 말은 재화가 커지는 것인데 이는 인플레이션 상황을 품고 있다. '성장'이 멈추면 부를 잃는 것이다. 장자가 당시 사람들에 대해 말했다. "요즘 사람들은 자연에서 이탈하고 본성을 거스르고, 진실함이 줄어들고, 정신을 잃어버리고, 그렇게 무리를 지어 산다. 결국에는 욕심과 미움으로 본성이 거칠어지고 악성 종기와 같이 병들게 할 것이다." 지금 우리 세태와 유사하다. 인간 삶의 방식을 만드는 생존 여건과 한계는 반복해서 새로운 위기를 만들 것 같다는 생각이 든다.

공자가 안회에게 "회야 집이 가난하여 삶이 비천한데 벼슬이라도 하지 그러나"라고 물을 때 안회는 "제게는 밭이 있어 죽 정도는 먹을 수 있고 삼베옷은 입을 수 있습니다"라고 하였다. 공자는 "만족할 줄 알면 이익에 매이지 않고, 깨달음이 있으면 이익을 잃어도 두렵지 않고, 마음을 수양한 이는 벼슬이 없어도 부끄럽지 않다고 하더니 너를 통해 알게 되는구나"라고 하였다.(「양왕」) 이런 안회의 배짱이 정말 존경스럽다.

욕심을 크게 가지면 누군가에게 매이거나 외물에 붙들리는 크기도 커져서 종내에는 그것들이 내 영혼을 집어삼키는 법이다. 뱁새는 둥지를 틀기 위해 숲속에서도 나뭇가지 하나면 충분하고 들쥐가 황하의 물을 마시더라도 제 배만 채울 정도면 족한 것을.(「소요유」) 《장자가 죽어가고 있을 때 제자들이 선생의 장례를 후하게 치르려고 하였다.

장자는 "나는 하늘과 땅을 관곽棺槨으로 여기고, 해와 달을 두르고, 별들을 옥으로 삼아, 이미 만물을 제물로 갖췄으니 내 장례 준비는 부족하지 않다. 무엇을 더 보태려 하는가."라고 말렸다. 제자들이 말했다. "저희들은 까마귀나 솔개가 선생님의 시신을 먹을까 염려됩니다." 장자가 말했다. "땅 위에 두면 까마귀와 솔개의 먹이가 되고, 땅 속에 묻으면 땅강아지와 개미의 먹이가 되는 것이 당연한데, 저쪽 것을 빼앗아 이쪽에다 주는 것은 아무래도 불공평하지 않은가."(「열어구」)》 (장자가 자기 시신을 풍장風葬처럼 땅 위에서 장례 지내라고 당부한 것처럼 보인다.)

청렴은 죽음이라고 예외가 아닐 듯싶다. 죽음도 자연으로 되돌려 보내는 방법이 순리일 것이다. 화려한 장례를 치르고 거창하게 묘소(산 사람들이 활용해야 할 땅을, 환경 복원이 어려운 시설을 해놓는다.)를 꾸미는 것은 사실 죽은 자에게 아무런 의미가 없다. 죽음을 치르는 과정에서도 낭비를 줄여야 하는 것은 장자가 아니더라도 이 지구를 위한 노력이다. 장자는 기계를 쓰는 것도 탐탁지 않게 여겼음을 드러낸다. 자공이 초나라에서 돌아오다가

밭에 물길을 내고 우물로부터 일일이 항아리에 담아 물을 대는 노인에게, 나무로 만든 기계(두레박)를 만들어 쓰라고 하자 노인은 "나도 알지만 기계를 가지면 기계로 인한 일이 또 생기고 욕심도 생기니 순수함이 사라지고 정신이 안정되지 못할 것이오. 나는 그것을 부끄러워하오. 방해 말고 가시오"라고 하였다.(「천지」)

장자에 대한 여러 정체성 중 하나로 나는 '가장 앞선 환경보호론자라고' 생각한다. (*앞에서 거론했듯이, 도가의 자연론과 관련하여 우리가 아는 자연보호라고 할 때의 자연과 의미가 다르므로 장자를 환경보호에 연결 짓는 것은 적합지 않다는 주장이 있으나, 나는 그 자연도 포함된다는 생각이다.) 《사물이 수없이 많으므로 만물이라 하는데 인간은 그 중 하나일 뿐이다. 인위로 천성을 해치지 말고(人滅天) 고의로 천명을 없애지 말며(故滅命) 명예를 얻는 것에 희생당하지 말라(得殉名)고 한다.(「추수」)》 기계문명으로 인한 폐해도 미래를 예견하는 것만 같다. 영화 터미네이터에서와 같이 AI로 인해 기계와 사람이 구분이 되지 않는 상황이 현실화될 날이 머지않은 거 같다.

※ <u>참고한 책과 자료</u>(특정한 순서 없음)

- 강신주, 『장자의 철학, 꿈(夢) 깨어남(覺) 그리고 삶(生)』, 태학사, 2004.
- 기세춘, 『묵점 기세춘 선생과 함께하는 장자』, 바이북스, 2007.
- 이강수, 『노자와 장자, 무위와 소요의 철학』, 길, 2006.
- 이기동, 『장자』, 살림출판사, 2013.
- 임헌규, 『노자』, 살림출판사, 2013.
- 펑유란, 『간명한 중국철학사』, 마루비, 2018.
- 잔스촹, 『도교문화 15강』, 알마, 2011.
- 박진우, 『묵자는 살아있다』, 청림, 2023.
- 김용옥, 『도올 주역강해』, 통나무, 2022.
- 이경숙 역, 『도덕경』, 통나무, 2022.
- 발타자르 토마스, 『비참한 날엔 스피노자』, 자음과 모음, 2018.
- 피터 싱어, 『이렇게 살아가도 괜찮은가』, 시대의 창, 2014.
- 판수즈, 『중국사 16마당』, 명상, 2004.
- 김충렬, 「노장산책」, 철학과 현실, 1991.
- 박원재, 「존재의 변화 혹은 삶의 변용」, 한국중국학회, 2017.

- 김백현, 「장자 제물론의 이해에 대한 고찰」, 『이강수 읽기를 통해 본 노장철학의 현주소』, 예문서원, 2017.
- 이강수, 「체도를 중심으로 본 장자사상」, 고대사학회, 1973.
- 김익수, 「천부경의 정신철학을 계승한 노자의 도와 철학적 체계적 이해」, 한국사상문화학회, 2017.
- 전통문화연구회, 「동양고전종합DB」.
- 이종성, 「장자철학의 지혜와 현대적 의의」, 한국동서철학회논문집 『동서철학연구』제64호. 2012.
- 김충렬, 「장자의 철학체계와 정신경지」, 한국도가도교학회 『도교학연구』13권, 174-179p. 1994.
- 이진용, 「『장자(莊子)』「칙양(則陽)」편의 도론(道論) - 소지(少知)와 태공조(大公調)의 대화를 중심으로」, 『동아시아문화연구』제91집, 2022.
- 이정우, 「도(道)의 지도리에 서다 - 장자와 사이짓기의 사유」, 동양철학연구회, 『동양철학연구』제109집, 2022.

◎ 글쓴이 : 유세웅

화학공학과 철학을 전공. 기업에서 근무 후 현재는 안전·환경·화공 등 전문 컨설팅업에 공동 참여하고, 관련한 교육 등을 수행하고 있음. 쓴 글로서 『월하선집月下選集』, 『행복한 대화』, 『멀리 있는 빛』, 『아웃사이더의 몽상』, 『운명의 상상』, 『품위 있는 죽음』, 『갈 곳 없는 시간 100권의 책』, 『노자, 도와 덕이 회복된 세상의 꿈』 등이 있음.

장자, 절대적 자유를 찾아가는 삶

발행일	:	2024. 9. 20.
글쓴이	:	유세웅
교정·사진	:	이찬서
본문 그림	:	이정화
펴낸이	:	이순실
펴낸곳	:	도서출판 청림
		pdm14181@naver.com
		010-7544-2338
		사업자등록 No. 454-94-01845
		ISBN 979-11-984074-2-9
발행처	:	북메이크

책값 18,000원

☞ 저자와 협의하여 인지는 생략했습니다.

※ 이 책은 순천시 도서관 운영과 〈2024년 시민책 출판비 지원사업〉으로 제작하였습니다.